オズの魔法使い

The Wizard of Oz

L. Frank Ba

フランク・ボーム

はじめに

みなさんは英語で何ができるようになりたいですか。

外国人と自由にコミュニケーションしたい
インターネット上の英語のサイトや、ペーパーバック、英字新聞を辞書なしで読めるようになりたい
字幕なしで洋画を見たい
受験や就職で有利になりたい
海外で活躍したい……

英語の基礎的な力、とりわけ読解力をつけるのに大切なのは、楽しみながら多読することです。数多くの英文に触れることによって、英語の発想や表現になじみ、英語の力が自然に身についてきます。

そうは言っても、何から手をつけていいのかわからないということはないでしょうか。やさしそうだと思って、外国の絵本や子ども向けの洋書を買ってはみたものの、知らない単語や表現ばかりが出てきて、途中で読むのをあきらめた経験がある方もいらっしゃるのではありませんか。

おすすめしたいのは、学習者向けにやさしく書かれた本から始めて、自分のレベルに合わせて、少しずつ難しいものに移っていく読み方です。

本書《ステップラダー・シリーズ》は、使用する単語を限定した、やさしい英語で書かれている英文リーダーで、初心者レベルの方でも、無理なく最後まで読めるように工夫されています。

みなさんが、楽しみながら英語の力をステップアップできるようになっています。

特長と使い方

●特長●

　ステップラダー・シリーズは、世界の古典や名作などを、使用する単語を限定して、やさしい表現に書き改めた、英語初級～初中級者向けの英文リーダーです。見開きごとのあらすじや、すべての単語の意味が載ったワードリストなど、初心者レベルでも負担なく、英文が読めるように構成されています。無料音声ダウンロード付きですので、文字と音声の両面で読書を楽しむことができます。

ステップ	使用語彙数	対象レベル	英検	CEFR
STEP 1	300語	中学1年生程度	5級	A1
STEP 2	600語	中学2年生程度	4級	A1
STEP 3	900語	中学3年生程度	3級	A2

●使い方●

- 本文以外のパートはすべてヘルプです。できるだけ本文に集中して読みましょう。
- 日本語の語順に訳して読むと速く読むことができません。文の頭から順番に、意味のかたまりごとに理解するようにしましょう。
- すべてを100パーセント理解しようとせず、ところどころ想像で補うようにして、ストーリーに集中する方が、楽に楽しく読めます。
- 黙読する、音読する、音声に合わせて読む、音声だけを聞くなど、いろいろな読み方をしてみましょう。

●無料音声ダウンロード●

　本書の朗読音声（MP3形式）を、下記URLとQRコードから無料でダウンロードすることができます。

ibcpub.co.jp/step_ladder/0723/

※PCや端末、ソフトウェアの操作・再生方法については、編集部ではお答えできません。製造元にお問い合わせいただくか、インターネットで検索するなどして解決してください。

V

●構成●

語数表示
開いたページの単語数と、読んできた総単語数が確認できます。

トラック番号
朗読音声の番号です。

---

2 *1. THE CYCLONE 3*

🎧 1. THE CYCLONE

Dorothy lived in Kansas in a small house with Uncle Henry and Aunt Em. In the house, there was a small room under the floor. Every time there was a cyclone, they opened a small door in the floor and went down into the room.

Dorothy had a happy little dog named Toto. Dorothy loved Toto and played with him all day. But today, they were not playing. The sky was especially gray, and Dorothy could see very dark clouds.

Just then, Uncle Henry said, "There's a cyclone coming." Aunt Em opened the door in the floor. Dorothy went across the room to get Toto. But before she could follow Aunt Em, the house started to shake. The cyclone lifted the house up into the sky.

At first, Dorothy was afraid. But as time passed and nothing happened, she stopped worrying. She went carefully to her bed, and Toto jumped in next to her. They both went to sleep.

(159 [159] words)

◆ KEYWORDS
- cyclone [sáikloun]
- Dorothy [dɔ́ːrəθi]
- Kansas [kǽnzəs]
- Henry [hénri]
- Em [ém]
- Toto [tóutou]
- dark [dáːrk]
- cloud [kláud]
- just then
- go across
- shake [ʃéik]
- lift [líft]
- as time passes

◆ KEY SENTENCES (訳 p. 102)
Every time • there was a cyclone, • they opened | a small door • in the floor • and went down • into the room.
Just then, • Uncle Henry said, • "There's a cyclone • coming."

ドロシーはカンザスでおじさんとおばさんと小さな家に住んでいました。ある日、サイクロンがドロシーと犬のトトを家ごと空へ舞い上げました。

あらすじ
本文のおおまかな内容がわかります。

キーセンテンス
長い文や難しい表現の文を、意味単位に区切って紹介しています。表示のページに訳があります。

キーワード
使用語彙以外で使われている初出の単語、熟語のリストです。発音記号の読み方は次ページの表を参考にしてください。

キーワードについて

1. 語尾が規則変化する単語は原形、不規則変化語は本文で出てきた形を見出しにしています。

   例 studies/studying/studied → study
   　　goes/going → go
   　　went → went
   　　gone → gone

2. 熟語に含まれる所有格の人称代名詞 (my, your, his/her, theirなど) は one's に、再帰代名詞 (myself, yourselfなど) は oneself に置き換えています。

   例 do your best → do one's best
   　　enjoy myself → enjoy oneself

3. 熟語に含まれるbe動詞 (is, are, was, were) は原形のbeに置き換えています。

   例 was going to → be going to

発音記号表

●母音●

/ɑ/	hot, lot
/ɑː/	arm, art, car, hard, march, park, father
/æ/	ask, bag, cat, dance, hand, man, thank
/aɪ/	ice, nice, rice, time, white, buy, eye, fly
/aɪəʳ/	fire, tire
/aʊ/	brown, down, now, house, mouth, out
/aʊəʳ/	flower, shower, tower, hour
/e/	bed, egg, friend, head, help, letter, pet, red
/eɪ/	cake, make, face, game, name, day, play
/eəʳ/	care, chair, hair
/ɪ/	big, fish, give, listen, milk, pink, sing
/iː/	eat, read, speak, green, meet, week, people
/ɪəʳ/	dear, ear, near, year
/oʊ/	cold, go, home, note, old, coat, know
/ɔː/	all, ball, call, talk, walk
/ɔːʳ/	door, more, short
/ɔɪ/	boy, enjoy, toy
/ʊ/	book, cook, foot, good, look, put
/uː/	food, room, school, fruit, juice
/ʊəʳ/	pure, sure
/əːʳ/	bird, girl, third, learn, turn, work
/ʌ/	bus, club, jump, lunch, run, love, mother
/ə/	about, o'clock
/i/	easy, money, very

●子音●

/b/	bag, ball, bed, big, book, club, job
/d/	desk, dog, door, cold, food, friend
/f/	face, finger, fish, food, half, if, laugh
/g/	game, girl, go, good, big, dog, egg
/h/	hair, hand, happy, home, hot
/j/	yellow, yes, young
/k/	cake, cook, king, desk, look, milk, pink, talk
/l/	learn, leg, little, look, animal, girl, school
/m/	make, mother, movie, home, name, room, time
/n/	know, name, night, noon, pen, run, train
/p/	park, pencil, pet, pink, cap, help, jump, stop
/r/	read, red, rice, room, run, write
/s/	say, see, song, study, summer, bus, face, ice
/t/	talk, teacher, time, train, cat, foot, hat, night
/v/	very, video, visit, five, give, have, love, movie
/w/	walk, want, week, woman, work
/z/	zero, zoo, clothes, has, music, nose
/ʃ/	ship, short, English, fish, station
/ʒ/	measure, leisure, television
/ŋ/	king, long, sing, spring, English, drink, thank
/tʃ/	chair, cheap, catch, lunch, march, teacher, watch
/θ/	thank, think, thursday, birthday, month, mouth, tooth
/ð/	they, this, then, bathe, brother, father, mother
/dʒ/	Japan, jump, junior, bridge, change, enjoy, orange

Table of Contents

『オズの魔法使い』について

『オズの魔法使い』は1900年に出版された、アメリカの児童文学作家 L・フランク・ボームの作品です。ボームが親戚の子どもたちに語って聞かせた物語を元に執筆し、友人のW・W・デンスロウが当時としては珍しいカラーのイラストを手がけた本作は人気を博し、アメリカ議会図書館からは「国内で最も愛される国産のおとぎ話」だと認められました。派生したミュージカルや映画も制作されるなど、少女と仲間たちの冒険物語は今なお世界中の人々から愛されています。

■主なキャラクター

Dorothy　ドロシー

小さくて親切な女の子。カンザス州の小さな家でエムおばさんとヘンリーおじさんとともに暮らしていたが、ある日、竜巻に運ばれてオズの国へと来てしまう。

Toto　トト

ドロシーが心からかわいがっている、毛の長い黒い小犬。ドロシーとともにオズの国へとやって来た。

Scarecrow　かかし

トウモロコシ畑でカラスを追い払うため、わらと布で作られた。「脳」が心から欲しくてしかたがない。

Tin Woodman　ブリキの木こり

全身がブリキの部品でできていて、手に斧を持つ木こり。失くしてしまった「心」を手に入れたいと願っている。

Lion　ライオン

ドロシーに怒られて泣いてしまうほど臆病なライオン。百獣の王と呼ばれるにふさわしい「勇気」が欲しいと願っている。

Witches　魔女たち

オズの国には東西南北にそれぞれ1人ずつ魔女がいて、南北に住む魔女たちはよい魔女だが、東西にいる魔女たちは悪い魔女である。

Oz　オズ

エメラルドの都を治める魔法使い。よい魔法使いだが、その魔法の力を恐れられてもいる。

The Wizard of Oz

オズの魔法使い

by William Wallace Denslow

2

1. THE CYCLONE

Dorothy lived in Kansas in a small house with Uncle Henry and Aunt Em. In the house, there was a small room under the floor. ¹Every time there was a cyclone, they opened a small door in the floor and went down into the room.

Dorothy had a happy little dog named Toto. Dorothy loved Toto and played with him all day. But today, they were not playing. The sky was especially gray, and Dorothy could see very dark clouds.

²Just then, Uncle Henry said, "There's a cyclone coming." Aunt Em opened the door in the floor. Dorothy went across the room to get Toto. But before she could follow Aunt Em, the house started to

ドロシーはカンザスでおじさんとおばさんと小さな家に住んでいました。ある日、サイクロンがドロシーと犬のトトを家ごと空へ舞い上げました。

shake. The cyclone lifted the house up into the sky.

At first, Dorothy was afraid. But as time passed and nothing happened, she stopped worrying. She went carefully to her bed, and Toto jumped in next to her. They both went to sleep.

(159 [159] words)

◆ **KEYWORDS**

☐ **cyclone** [sáɪklòʊn]
☐ **Dorothy** [dɔ́ːrəθi]
☐ **Kansas** [kǽnzəs]
☐ **Henry** [hénri]
☐ **Em** [ém]
☐ **Toto** [tóʊtoʊ]
☐ **dark** [dɑ́ːʳk]

☐ **cloud** [kláʊd]
☐ *just then*
☐ *go across*
☐ **shake** [ʃéɪk]
☐ **lift** [líft]
☐ *lift up*
☐ *as time passess*

◆ **KEY SENTENCES** (☞ p. 102)

[1] Every time • there was a cyclone, • they opened a small door • in the floor • and went down • into the room.

[2] Just then, • Uncle Henry said, • "There's a cyclone • coming."

4

2. THE MEETING WITH THE MUNCHKINS

When Dorothy woke up, the house was not moving, so she ran out the door. [3]She was in a beautiful country full of flowers, birds, and big fruit trees.

Dorothy saw people coming toward her. There were three men and a woman. They were her size but older and strangely dressed. When they got near the house, one of them said, "Welcome to the land of the Munchkins. Thank you for killing the Wicked Witch of the East."

[4]Dorothy said, "That can't be right. I did not kill anyone."

ドロシーが目を覚ますと、知らない所に来ていました。奇妙な服を着た人たちが現れ、老女が「東の悪い魔女を殺してくれてありがとう」と言いました。

2. THE MEETING WITH THE MUNCHKINS   5

"Your house did," said the little old woman. "That is the same thing. Look."

Under the corner of the house, there were two feet in Silver Shoes.

"Oh dear!" cried Dorothy. "What shall we do?"

"Nothing," said the woman.

(128 [287] words)

◆ **KEYWORDS**

☐ **Munchkin** [mʌ́ntʃkɪn]   ☐ **kill** [kíl]
☐ **woke** [wóʊk] < wake   ☐ **wicked** [wíkəd]
☐ *wake up*   ☐ **witch** [wítʃ]
☐ *run out*   ☐ **east** [íːst]
☐ **toward** [təwɔ́ːʳd]   ☐ **silver** [sílvəʳ]
☐ *get near*   ☐ *Oh dear!*
☐ **land** [lǽnd]

◆ **KEY SENTENCES** (☞ p. 102)

[3] She was • in a beautiful country • full of flowers, • birds, • and big fruit trees.

[4] Dorothy said, • "That can't be right. • I did not kill anyone."

[5]"The Munchkins had to serve the Wicked Witch of the East for many years, but now they are all free."

"Who are the Munchkins?" asked Dorothy.

"They are the people who live here."

"Are you a Munchkin?" asked Dorothy.

"No, I'm the good Witch of the North. The Silver Shoes are yours now. They have special powers, but we don't know what they are."

[6]Dorothy said, "I want to get back to my aunt and uncle in Kansas. Can you help me?"

"You must go to Emerald City in the center of the country," the good Witch said.

老女は北の良い魔女でした。ドロシーが「帰りたい」と言うと、「エメラルドシティのオズ大王なら助けてくれるかもしれません」と言いました。

"It is ruled by Oz, the Great Wizard. He may help you."

"How can I get there?" asked Dorothy.

"You must walk. It will be difficult, but I can help keep you safe."

(122 [409] words)

◆**KEYWORDS**

☐ **serve** [sə́ːʳv]   ☐ **center** [séntəʳ]
☐ **north** [nɔ́ːʳθ]   ☐ **Oz** [άːz]
☐ **power** [páʊəʳ]   ☐ **wizard** [wízəʳd]
☐ *get back to*   ☐ *get there*
☐ **emerald** [émrəld]   ☐ **safe** [séɪf]

◆**KEY SENTENCES** (☞ p. 102)

[5] "The Munchkins had • to serve • the Wicked Witch • of the East • for many years, • but now • they are all free."

[6] Dorothy said, • "I want • to get back • to my aunt • and uncle • in Kansas. • Can you help me?"

[7]She kissed Dorothy on the head, and a shining mark appeared.

[8]"The road to Emerald City is made of Yellow Brick," said the Witch, "so you cannot miss it. Good-bye, my dear."

(32 [441] words)

魔女がドロシーの額にキスをすると、輝くマークが現れました。「エメラルドシティへの道は黄色いレンガでできているので見逃すことはありません」。

◆ KEYWORDS

☐ **kiss** [kís] ☐ **appear** [əpíəʳ]
☐ **shining** [ʃáɪnɪŋ] ☐ **brick** [brík]
☐ **mark** [máːʳk]

◆ KEY SENTENCES (☞ p. 102)

[7] She kissed Dorothy • on the head, • and a shining mark appeared.

[8] "The road • to Emerald City is made • of Yellow Brick, " • said the Witch, • "so you cannot miss it."

3. HOW DOROTHY SAVED THE SCARECROW

Dorothy went back to the house. [9]She filled a little basket with bread and put on the Silver Shoes.

"Come along, Toto," Dorothy said. They soon found the Yellow Brick Road. The sun was bright and the birds sang lovely bird songs. In the evening, they passed a large house. Munchkins were singing and dancing because they were finally free. They asked her to stay and eat with them.

Dorothy ate a big dinner. Then, a Munchkin took her to a room with a bed. Dorothy slept with Toto beside her.

ドロシーは死んだ魔女の銀の靴をはいて、トトと黄色いレンガ道を歩き出しました。途中、二人は大きな家に招待されて、一緒にベッドで休みました。

The next day, she and Toto continued along the Yellow Brick Road. [10]There was a fence painted blue beside the road and a big cornfield beyond the fence.

(119 [560] words)

◆ **KEYWORDS**

☐ **save** [séɪv]

☐ **scarecrow** [skǽəˈkròʊ]

☐ **fill** [fíl]

☐ **basket** [bǽskət]

☐ *come along*

☐ **lovely** [lʌ́vli]

☐ **beside** [bɪsáɪd]

☐ **continue** [kəntínjuː]

☐ **fence** [féns]

☐ **cornfield** [kɔ́ːˈnfiːld]

☐ **beyond** [bɪɑ́ːnd]

◆ **KEY SENTENCES** (☞ p. 102)

[9] She filled a little basket • with bread • and put on the Silver Shoes.

[10] There was a fence • painted blue • beside the road • and a big cornfield • beyond the fence.

[11]In the cornfield, Dorothy could see a Scarecrow up on a pole looking at her.

"How are you?" asked the Scarecrow.

"I'm well," replied Dorothy, surprised. "And you?"

"I'm not feeling well," said the Scarecrow. "This pole goes up my back. Can you remove it?"

Dorothy reached up and lifted the Scarecrow off the pole.

"Thank you very much," said the Scarecrow. "And who are you?"

[12]"My name is Dorothy, and I'm going to Emerald City to ask the Great Oz to send me back to Kansas."

トウモロコシ畑の中で棒につるされていたかかしをドロシーは助けました。
話を聞くと、かかしは「脳みそがないから何も知らないんだ」と答えました。

"Where is Emerald City?" he asked. "And who is Oz?"

"Don't you know?" she said in surprise.

"No, I don't know anything. I have no brains at all because my head is filled with straw," he answered sadly.

(125 [685] words)

◆ **KEYWORDS**

☐ **pole** [póʊl]
☐ **reply** [rɪplái]
☐ **surprised** [səˈpráɪzd]
☐ *go up*
☐ **remove** [rimúːv]
☐ **reach** [ríːtʃ]
☐ *reach up*
☐ *lift off*

☐ **surprise** [səˈpráɪz]
☐ *in surprise*
☐ **brain** [bréɪn]
☐ *at all*
☐ *filled with*
☐ **straw** [strɔ́ː]
☐ **sadly** [sǽdli]

◆ **KEY SENTENCES** (☞ p. 102–103)

[11] In the cornfield, • Dorothy could see a Scarecrow • up • on a pole looking at her.

[12] "My name is Dorothy, • and I'm going to Emerald City • to ask the Great Oz • to send me back • to Kansas."

[13]The Scarecrow thought for a moment and then asked, "If I go to Emerald City with you, do you think Oz will give me some brains?"

"I don't know," she answered, "but if you join me, I'll ask Oz to help you."

"Thank you," he said happily.

(47 [732] words)

かかしが「エメラルドシティに行ったら、オズは僕に脳みそをくれると思う？」と聞くと、ドロシーは「一緒に行くなら頼んでみるわ」と答えました。

◆ **KEYWORDS**

☐ **moment** [móʊmənt] ☐ *for a moment*

◆ **KEY SENTENCES** (☞ p. 103)

[13] The Scarecrow thought • for a moment • and then asked, • "If I go to Emerald City • with you, • do you think • Oz will give me some brains?"

4. THE SAVING OF THE TIN WOODMAN

The travelers walked until they found a river. There, Dorothy ate, drank, and washed. Then, she heard a strange noise close by. [14]They soon found a man made of tin with an ax in his hands.

"Did you make a noise?" asked Dorothy.

"Yes," answered the Tin Woodman. "I need some oil from my house."

[15]Dorothy found it and oiled the Tin Woodman until he could move freely.

"Thank you! You saved my life," he said. "Why did you come this way?"

旅人たちは、川の近くで手に斧を持ったまま動けないブリキの男を見つけました。ドロシーは木こりが自由に動けるように油をさしてあげました。

"We are going to see the Great Oz," she answered.

"Why do you wish to see Oz?" he asked.

"I want him to send me back to Kansas, and the Scarecrow wants to get some brains."

(118 [850] words)

◆ **KEYWORDS**

☐ **saving** [séɪvɪŋ]   ☐ **ax** [ǽks]

☐ **tin** [tín]   ☐ **oil** [ɔ́ɪl]

☐ **woodman** [wʊ́dmən]   ☐ **freely** [fríːli]

☐ **noise** [nɔ́ɪz]   ☐ *come this way*

☐ *close by*   ☐ **wish** [wíʃ]

◆ **KEY SENTENCES** (☞ p. 103)

[14] They soon found • a man made • of tin • with an ax • in his hands.

[15] Dorothy found it • and oiled the Tin Woodman • until he could move freely.

The Tin Woodman said, "Do you think Oz could give me a heart?"

"I guess so," Dorothy answered. [16]"It would be as easy as giving the Scarecrow brains."

"Then I shall join you, if you allow it," the Woodman said.

[17]They welcomed him, and they all continued through the forest until they came to the Yellow Brick Road.

(58 [908] words)

木こりが「オズは私に心臓をくれると思う？」と聞くと、ドロシーは「かかしの脳みそと同じくらい簡単よ」と答え、木こりは旅の仲間になりました。

◆ **KEYWORDS**

☐ **heart** [hάːʳt]   ☐ **forest** [fɔ́ːrəst]

☐ **allow** [əláʊ]

◆ **KEY SENTENCES** (☞ p. 103)

¹⁶ "It would be • as easy • as giving the Scarecrow brains."

¹⁷ They welcomed him, • and they all continued • through the forest • until they came • to the Yellow Brick Road.

5. THE COWARDLY LION

The travelers continued walking through the thick woods. Suddenly, a great Lion rushed into the road. He hit the Scarecrow, and then he hit the Tin Woodman.

Little Toto ran toward the Lion, and the great animal opened his mouth. [18]Dorothy rushed forward and hit the Lion's nose as hard as she could. She cried out, "Don't eat Toto!"

"I didn't eat him," said the Lion.

"No, but you tried to," she answered. "You are nothing but a big coward."

森の中で突然大きなライオンが突進してきました。ドロシーが「あなたはただの大きな臆病者よ」と言うと、「そうなんです」とライオンは言いました。

"I know I am," said the Lion. "But what can I do?"

"The King of the Animals shouldn't be a coward," said the Scarecrow.

"I know," replied the Lion. "It makes me very unhappy. [19]Perhaps if I didn't have a heart, I would not be a coward."

(127 [1,035] words)

◆ **KEYWORDS**

☐ **cowardly** [káʊəˈdli]   ☐ **forward** [fɔ́ːˈwəˈd]

☐ **thick** [θík]   ☐ **coward** [káʊəˈd]

☐ **suddenly** [sʌ́dənli]   ☐ **unhappy** [ənhǽpi]

☐ *rush into*   ☐ **perhaps** [pəˈhǽps]

◆ **KEY SENTENCES** (☞ p. 103)

[18] Dorothy rushed forward • and hit the Lion's nose • as hard • as she could.

[19] Perhaps • if I didn't have a heart, • I would not be a coward.

"Do you have any brains?" asked the Scarecrow.

[20]"I suppose so. I've never looked to see," replied the Lion.

[21]"I'm going to the Great Oz to ask him for some," said the Scarecrow.

"And I'm going to ask him to give me a heart," said the Woodman.

"And I'm going to ask him to send Toto and me back to Kansas," added Dorothy.

"Do you think Oz could give me some courage?" asked the Cowardly Lion.

"Just as easily as he could give me brains," said the Scarecrow.

"Or give me a heart," said the Tin Woodman.

「オズは僕に勇気をくれるかな？」と臆病なライオンは聞きました。みんなの話を聞いて、ライオンも一緒に行くことにしました。

"Or send me back to Kansas," said Dorothy.

"Then, if you don't mind, I'll go with you," said the Lion.

"You will be very welcome," answered Dorothy.

(124 [1,159] words)

◆ **KEYWORDS**
- [ ] **suppose** [səpóʊz]
- [ ] **never** [névəʳ]
- [ ] **add** [ǽd]
- [ ] **courage** [kə́ːrɪdʒ]
- [ ] **mind** [máɪnd]

◆ **KEY SENTENCES** (☞ p. 103)

[20] "I suppose so. • I've never looked to see," • replied the Lion.

[21] "I'm going to the Great Oz • to ask him • for some," • said the Scarecrow.

6. THE JOURNEY TO THE GREAT OZ

That night, they slept outside because there were no houses nearby. [22]The next day, they saw a great, deep valley that crossed the road and divided the forest.

"I think I could jump over it," said the Cowardly Lion.

"You can carry us over on your back, one at a time," said the Scarecrow.

"Who will come first?" asked the Lion.

[23]"I will," said the Scarecrow, "because if you found that you could not jump over it, Dorothy would be killed, or the Tin Woodman would hit the rocks below. But if I'm on your back, it would not matter so much."

次の日、彼らは大きくて深い谷に来ました。ライオンは「僕なら飛び越えられると思う」と言い、最初にかかしを背負って谷の端まで歩いて行きました。

The Scarecrow sat on the Lion's back, and the big animal walked to the edge of the valley.

(120 [1,279] words)

◆ **KEYWORDS**
- [ ] **journey** [dʒə́ːʳni]
- [ ] **outside** [áʊtsáɪd]
- [ ] **nearby** [níəʳbáɪ]
- [ ] **valley** [vǽli]
- [ ] **cross** [krɔ́ːs]
- [ ] **divide** [dɪváɪd]
- [ ] *jump over*
- [ ] *one at a time*
- [ ] **below** [bɪlóʊ]
- [ ] **matter** [mǽtəʳ]
- [ ] **edge** [édʒ]

◆ **KEY SENTENCES** (☞ p. 103–104)

[22] The next day, • they saw a great, • deep valley • that crossed the road • and divided the forest.

[23] "I will," • said the Scarecrow, • "because • if you found • that you could not jump • over it, • Dorothy would be killed, • or the Tin Woodman would hit the rocks • below."

Suddenly, he jumped and landed safely on the other side. [24]Everyone was happy to see them land safely. Dorothy and Toto went next. [25]Then, the Lion carried the Tin Woodman, and they all sat down for a few moments to give the Lion a chance to rest.

(47 [1,326] words)

ライオンが無事に着地したのを見てみんなは喜びました。ライオンは一人ずつ背負って谷を飛び、ライオンのためにその後みんなでしばらく休みました。

◆ **KEYWORDS**

☐ **safely** [séɪfli]
☐ **side** [sáɪd]
☐ **chance** [tʃǽns]

☐ *give someone a chance to*
☐ **rest** [rést]

◆ **KEY SENTENCES** (☞ p. 104)

²⁴ Everyone was happy • to see them land • safely.

²⁵ Then, • the Lion carried the Tin Woodman, • and they all sat • down • for a few moments • to give the Lion a chance • to rest.

7. THE DEADLY POPPY FIELD

The travelers began moving again and soon saw big yellow, white, and blue flowers and lots of bright red poppies.

"They smell so wonderful," Dorothy said.

[26]As they walked, they saw more and more big red poppies and fewer and fewer other flowers. [27]The poppies had such a strong smell that they could make people fall asleep forever. But Dorothy did not know this. Soon, her eyes started to close, but the Tin Woodman would not allow her to sleep.

"We must hurry back to the Yellow Brick Road," he said.

旅人たちはポピーの花の中を進みました。ポピーの強い匂いは、人を永遠に眠らせてしまいます。ドロシーはポピーの花の中で眠ってしまいました。

So they kept walking until Dorothy couldn't stand any longer. Her eyes closed, and she fell asleep among the poppies.

"If we leave her here, she will die," said the Lion.

(122 [1,448] words)

◆ **KEYWORDS**

☐ **deadly** [dédli]	☐ **asleep** [əslíːp]
☐ **poppy** [pάːpi]	☐ *fall asleep*
☐ **red** [réd]	☐ **forever** [fərévəʳ]
☐ **smell** [smél]	☐ **hurry** [hə́ːri]
☐ *more and more*	☐ *can't stand*

◆ **KEY SENTENCES** (☞ p. 104)

[26] As they walked, • they saw more • and more big red poppies • and fewer • and fewer other flowers.

[27] The poppies had such a strong smell • that they could make people fall asleep • forever.

"The smell of the flowers is killing us all," the Lion continued. "I myself can hardly keep my eyes open, and the dog is asleep already."

It was true. But the Scarecrow and the Tin Woodman were not real people, so they were safe.

"Run fast," said the Scarecrow to the Lion. ²⁸"We will bring Dorothy, but you are too big to carry if you fall asleep."

So the Lion ran as quickly as he could.

The others carried Dorothy and Toto on through the flowers. Suddenly, they saw the Lion asleep among the poppies.

"We can do nothing for him," said the Tin Woodman sadly. "We must leave him here. Perhaps he will dream that he has

かかしと木こりはドロシーとトトを連れ、ライオンは急いで走りましたが、途中で眠ってしまい、二人は彼を置いていくことしかできませんでした。

courage at last."

²⁹They carried Dorothy and Toto away from the poppies to a pretty place beside the river and laid her on the soft grass.

(144 [1,592] words)

◆ **KEYWORDS**

☐ **myself** [màɪsélf]　　☐ *at last*
☐ **hardly** [háːʳdli]　　☐ **place** [pléɪs]
☐ **already** [ɔːlrédi]　　☐ **laid** [léɪd] < lay
☐ **quickly** [kwíkli]　　☐ **grass** [grǽs]

◆ **KEY SENTENCES** (☞ p. 104)

²⁸ "We will bring Dorothy, • but you are too big • to carry • if you fall asleep."

²⁹ They carried Dorothy • and Toto away • from the poppies • to a pretty place • beside the river • and laid her • on the soft grass.

8. THE QUEEN OF THE FIELD MICE

"The Yellow Brick Road must be close now," said the Scarecrow.

The Tin Woodman was about to say something when he heard a noise. A great yellow wildcat appeared, and it was chasing a field mouse. [30]Although the Woodman had no heart, he knew it was wrong to allow the wildcat to kill such a pretty little animal. So he lifted his ax and killed the wildcat.

The field mouse stopped and said, "Oh, thank you for saving my life!"

"You're welcome," replied the Tin Woodman. [31]"I have no heart, so I'm careful to help those in need, even if it's

大きな山猫が野ネズミを追いかけていたのを、木こりが見かけて助けました。命を救われた野ネズミは、「私は野ネズミの女王です」と言いました。

only a mouse."

"Only a mouse?" cried the little animal.
"But I'm the Queen of all the Field Mice!"

(120 [1,712] words)

◆ **KEYWORDS**

☐ **queen** [kwíːn]
☐ **mice** [máɪs] < mouse
☐ *field mouse*
☐ *about to*
☐ **wildcat** [wáɪldkæt]

☐ **chase** [tʃéɪs]
☐ **mouse** [máʊs]
☐ **although** [ɔːlðóʊ]
☐ **wrong** [rɔ́ːŋ]
☐ *in need*

◆ **KEY SENTENCES** (☞ p. 104)

[30] Although the Woodman had no heart, • he knew it was wrong • to allow the wildcat • to kill such a pretty little animal.

[31] "I have no heart, • so I'm careful • to help those in need, • even if it's only a mouse."

At that moment, several mice ran toward the Queen. They shouted, "How did you escape the wildcat?"

She answered, "This funny tin man killed it. So now you must all do all that he says."

"What can we do for you?" one of the mice asked.

[32]The Scarecrow said quickly, "You can save our friend, the Cowardly Lion, who is asleep in the poppy field."

"A Lion!" cried the little Queen. "But he will eat us."

"No, he won't," said the Scarecrow. "This Lion is a coward."

"Very well," said the Queen.

かかしが「眠っているライオンを助けてください」とネズミたちに頼むと、彼らは木こりの作った車にライオンをのせてポピーから引き離しました。

The Tin Woodman cut some wood and built a "wooden car." [33]Then, the mice pushed the Lion into the car and pulled him from the poppies.

(118 [1,830] words)

◆ **KEYWORDS**

☐ **several** [sévərəl]   ☐ **funny** [fʌ́ni]
☐ **escape** [ɪskéɪp]   ☐ *Very well.*

◆ **KEY SENTENCES** (☞ p. 104–105)

[32]The Scarecrow said quickly, • "You can • save our friend, • the Cowardly Lion, • who is asleep • in the poppy field."

[33]Then, • the mice pushed the Lion • into the car • and pulled him • from the poppies.

The travelers thanked the little mice for saving their friend. Then the mice ran back to their homes.

The Queen of the Mice was the last to leave.

[34]"If you ever need us again," she said, "call us and we will come and help you. Good-bye!"

(46 [1,876] words)

旅人たちは、友だちを助けてくれた小さなネズミたちにお礼を言いました。女王は「もしまた必要になったら、私たちを呼んでください」と言いました。

◆**KEYWORDS**

☐ **ever** [évəʳ]

◆**KEY SENTENCES** (☞ p. 105)

[34] "If you ever need us again," • she said, • "call us • and we will come • and help you."

9. THE GUARDIAN OF THE GATES

Soon they reached the Yellow Brick Road again. [35]There were fences on either side painted green, and they saw a beautiful green light in the sky before them.

"That must be Emerald City," said Dorothy.

As they walked on, the green light grew brighter. After a time, they came to a big gate with a bell beside it, so Dorothy pushed it. The gate opened slowly, and they entered a big room. [36]Before them stood a little man.

When he saw Dorothy and her friends, the man asked, "What do you want in Emerald City?"

旅人たちはエメラルドシティに着きました。門の内側の部屋で男に用件を聞かれて、ドロシーは「私たちはオズ大王に会いに来たのです」と答えました。

"We came to see the Great Oz," said Dorothy.

The man was surprised. "People almost never ever ask to see Oz. If your reason for coming is foolish, he might be angry and destroy you all."

"But it is important," said Dorothy.

"I see. Since you demand to see the Great Oz, I must take you to his Palace."

(154 [2,030] words)

◆ **KEYWORDS**

- [ ] **guardian** [gáːʳdiən]
- [ ] **gate** [géɪt]
- [ ] **bell** [bél]
- [ ] **slowly** [slóʋli]
- [ ] **enter** [éntəʳ]
- [ ] *never ever*
- [ ] **foolish** [fúːlɪʃ]
- [ ] **might** [máɪt] < may
- [ ] **angry** [ǽŋgri]
- [ ] **destroy** [dɪstrɔ́ɪ]
- [ ] **since** [síns]
- [ ] **demand** [dɪmǽnd]
- [ ] **palace** [pǽləs]

◆ **KEY SENTENCES** (☞ p. 105)

[35] There were fences • on either side painted green, • and they saw a beautiful green light • in the sky • before them.

[36] Before them • stood a little man.

10. THE EMERALD CITY OF OZ

[37]The Guardian of the Gates led them through the streets to the Palace of Oz. Then, a guard led them past the Palace gates to a room inside. "Please wait here," he said. When the guard came back, he said, "Oz will see you, but you must go one at a time."

"Thank you," replied Dorothy.

A young girl led Dorothy to the Throne Room. In the middle of the large, round room was a green throne. In the center of the throne was a big Head without a body, arms, or legs.

一行がオズの宮殿に到着すると、若い女の子がドロシーを玉座の間に連れて行きました。玉座の中央には胴体も腕も脚もない大きな頭がありました。

[38]As Dorothy looked at the Head in wonder and in fear, the eyes turned slowly to look at her. Then, the mouth moved, and Dorothy heard a voice.

(121 [2,151] words)

◆ **KEYWORDS**

- **led** [léd] < lead
- **guard** [gáːʳd]
- **past** [pǽst]
- **throne** [θróʊn]
- *throne room*
- **middle** [mídəl]
- *in the middle of*
- **round** [ráʊnd]
- **wonder** [wʌ́ndəʳ]
- *in wonder*
- **fear** [fíəʳ]
- *in fear*

◆ **KEY SENTENCES** (☞ p. 105)

[37]The Guardian • of the Gates led them • through the streets • to the Palace • of Oz.

[38]As Dorothy looked at the Head • in wonder • and in fear, • the eyes turned slowly • to look at her.

42

"I am Oz, the Great and Terrible. Who are you, and why are you looking for me?"

She replied, "I am Dorothy, the Small and Gentle. I have come to you for help."

The eyes looked at her thoughtfully, and then the Voice said, "Where did you get the Silver Shoes?"

[39]"I got them from the Wicked Witch of the East when my house fell on her and killed her," she replied.

"Where did you get the mark on your head?" continued the Voice.

[40]"That is where the Good Witch of the North kissed me when she said good-bye to me and sent me to you," said Dorothy.

(108 [2,259] words)

大きな頭はドロシーに自分は偉大なオズだと言い、なぜ自分に会いに来たのかと尋ねました。それから銀の靴や、額のマークのことも質問しました。

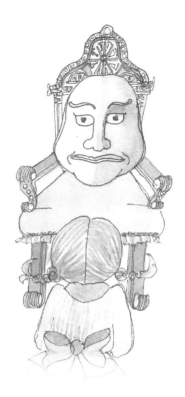

◆ KEYWORDS

☐ *look for*

☐ **gentle** [dʒéntəl]

☐ **thoughtfully** [θɔ́:tfəli]

◆ KEY SENTENCES (☞ p. 105)

39 "I got them • from the Wicked Witch • of the East • when my house fell • on her • and killed her," • she replied.

40 "That is • where the Good Witch of the North kissed me • when she said good-bye • to me • and sent me • to you," • said Dorothy.

Then Oz asked, "What do you wish me to do?"

"Send me back to Kansas where my Aunt Em and Uncle Henry are," she answered.

"Well," said the Head, "in this country, everyone must pay for what he gets. You must do something for me first."

"What must I do?" asked Dorothy.

"Kill the Wicked Witch of the West," answered Oz.

[41]"If you cannot kill her yourself, how do you think I can do it?" cried Dorothy.

"That is my answer," said the Head. "Do not return until you complete your task."

ドロシーが「私をカンザスに帰してください」と言うと、オズは「それには対価を払わなければならない。西の悪い魔女を殺すのだ」と答えました。

Dorothy left the Throne Room feeling sad. [42]She went back to where the Lion, Scarecrow, and Tin Woodman were waiting and told them what Oz said to her.

(120 [2,379] words)

◆ KEYWORDS

☐ **pay** [péɪ]　　　　　　☐ **task** [tǽsk]
☐ **west** [wést]　　　　　☐ **sad** [sǽd]
☐ **complete** [kəmplíːt]

◆ KEY SENTENCES　(☞ p. 105)

[41] "If you cannot kill her yourself, • how do you think • I can do it?" • cried Dorothy.

[42] She went back • to • where the Lion, • Scarecrow, • and Tin Woodman were waiting • and told them • what Oz said • to her.

Next, the Scarecrow was called. [43]When he returned, he told everyone that he, too, was asked to kill the Witch. And so it was with both the Tin Woodman and the Cowardly Lion.

"What shall we do now?" asked Dorothy sadly.

"There is only one thing we can do," returned the Lion. "We must go to the Land of the Winkies and kill the Wicked Witch."

They decided to start out the next morning.

(74 [2,453] words)

かかしも木こりもライオンも、オズに魔女を殺すように言われました。次の朝、みんなでウィンキーの国へ悪い魔女を退治しに出発することにしました。

◆ **KEYWORDS**

☐ *and so*

☐ **Winkie** [wíŋki]

☐ **decide** [dìsáɪd]

☐ *start out*

◆ **KEY SENTENCES** (☞ p. 106)

[43]When he returned, • he told everyone • that he, • too, • was asked to kill the Witch.

11. THE SEARCH FOR THE WICKED WITCH

The Guardian of the Gates opened the gate and said, "Keep to the West, and you will find the Wicked Witch," said the Guardian. They thanked him and said good-bye.

The sun was very hot because there were no trees to shade them. Soon Dorothy, Toto, and the Lion felt tired, so they took a nap in the grass. The Woodman and the Scarecrow guarded them.

The Wicked Witch of the West could see everything from her Palace. She was angry to find the travelers in her country.

西の悪い魔女は、旅人たちが自分の国にやって来たのを見ると、あまり勇敢ではないウィンキー人たちに、よそ者をやっつけるように命令しました。

[45]She called twelve Winkies and told them to go destroy the strangers. The Winkies were not brave, but they had to obey the Witch. They walked until they came near Dorothy.

(119 [2,572] words)

◆KEYWORDS

☐ **search** [sə́ːrtʃ]
☐ *search for*
☐ **shade** [ʃéɪd]
☐ **nap** [nǽp]

☐ *take a nap*
☐ **stranger** [stréɪndʒərʳ]
☐ **brave** [bréɪv]
☐ **obey** [oʊbéɪ]

◆KEY SENTENCES (☞ p. 106)

[44]The Guardian • of the Gates opened the gate • and said, • "Keep • to the West, • and you will find the Wicked Witch," • said the Guardian.

[45]She called twelve Winkies • and told them • to go destroy the strangers.

⁴⁶Then, the Lion ran toward them, and the poor Winkies were so afraid that they ran away.

This made the Witch angrier. She put on her Golden Cap and said some special words to call the Winged Monkeys. Soon, a group of Winged Monkeys appeared in the room.

"Destroy the strangers except for the Lion," said the Wicked Witch. "Bring him here. I want to make him work."

Then, they flew away and found Dorothy and her friends. Some of the monkeys picked up the Tin Woodman and dropped him over some rocks. Other monkeys caught the Scarecrow and pulled all the straw out of him.

逃げたウィンキー人たちに怒った魔女は、金の帽子を使って翼のある猿の一団を呼ぶと、猿たちは木こりとかかしを襲い、ライオンを縛り上げました。

The rest of the monkeys tied the Lion up and took him to the Witch's Palace.

[47]They put him in a small yard with a high fence around it so that he could not escape.

(141 [2,713] words)

◆ **KEYWORDS**

☐ *so ~ that*
☐ **angry** [ǽŋgri]
☐ **golden** [góʊldən]
☐ **winged** [wíŋd]
☐ **monkey** [mʌ́ŋki]
☐ **except** [ɪksépt]

☐ *make ~ do*
☐ *pull ~ out of*
☐ **tie** [táɪ]
☐ *tie up*
☐ **yard** [jɑːʳd]
☐ *so that*

◆ **KEY SENTENCES** (☞ p. 106)

[46]Then, • the Lion ran • toward them, • and the poor Winkies were so afraid • that they ran away.

[47]They put him • in a small yard • with a high fence • around it • so that he could not escape.

But they did not do anything to Dorothy. [48]They saw the mark of the Good Witch's kiss on Dorothy's head, so they could only carry her to the Wicked Witch's Palace.

A Winged Monkey said to the Witch, "We have done as much as possible. But we cannot do anything to the girl or the dog."

Then all the Winged Monkeys flew into the air and left.

The Wicked Witch was worried when she saw the mark on Dorothy's head and her Silver Shoes. [49]But she soon saw that Dorothy did not know of the Silver Shoes' power, so she laughed and said, "If you don't follow my orders, I will destroy you."

額のマークを見て、猿たちはドロシーには何もせず彼女を魔女の宮殿に運びました。魔女はドロシーに「私の命令を聞かなければ殺す」と言いました。

Dorothy followed her until they came to the kitchen. There, the Wicked Witch told her to clean. For many days, Dorothy obeyed her.

(136 [2,849] words)

◆ **KEYWORDS**

☐ **done** [dʌ́n] < do

☐ **possible** [pɑ́ːsəbəl]

☐ **air** [éəʳ]

☐ **power** [páʊəʳ]

☐ **order** [ɔ́ːʳdəʳ]

☐ **obey** [oʊbéɪ]

◆ **KEY SENTENCES** (☞ p. 106)

[48]They saw the mark • of the Good Witch's kiss • on Dorothy's head, • so they could only carry her • to the Wicked Witch's Palace.

[49]But she soon saw • that Dorothy did not know of the Silver Shoes' power, • so she laughed • and said, • "If you don't follow my orders, • I will destroy you."

The Wicked Witch wanted to get Dorothy's Silver Shoes.

[50]One day, when Dorothy wasn't looking, the Witch placed a piece of iron in the middle of the kitchen floor. Then, using her special powers, she made the iron impossible to see.

When Dorothy walked across the floor, she fell over it and one of her Silver Shoes came off. The Witch immediately picked it up.

"Give me back my shoe!" Dorothy shouted.

"No. It is mine now," replied the Witch.

魔女に転ばされて片方の銀の靴を奪われたドロシーは、怒ってそばにあった水の入った鍋を魔女に投げつけると、魔女は全身びしょぬれになりました。

[51]This made Dorothy so angry that she picked up the pot of water near her and threw it over the Witch. The witch was wet from head to foot.

(109 [2,958] words)

◆ **KEYWORDS**

☐ *one day*
☐ **place** [pléɪs]
☐ **piece** [píːs]
☐ **iron** [áɪəʳn]
☐ **impossible** [ìmpáːsəbəl]
☐ *fall over*
☐ *come off*

☐ **immediately** [ìmíːdìːətli]
☐ **pot** [páːt]
☐ **threw** [θrúː] < throw
☐ *throw (water) over*
☐ **wet** [wét]
☐ *from head to foot*

◆ **KEY SENTENCES** (☞ p. 106)

[50]One day, • when Dorothy wasn't looking, • the Witch placed a piece of iron • in the middle • of the kitchen floor.

[51]This made Dorothy so angry • that she picked up the pot • of water • near her • and threw it • over the Witch.

^{52}The Wicked Witch gave a loud cry and started to get smaller and smaller.

"Look what you did!" the Witch shouted. "Didn't you know water would destroy me?"

"Of course not!" answered Dorothy. "How could I?"

^{53}"I never thought a little girl like you could do such a thing."

The Witch fell onto the kitchen floor and disappeared. Dorothy put her Silver Shoe back on and ran to find the Lion.

(71 [3,029] words)

悪い魔女は叫び声をあげ、小さくなっていきました。「おまえのような小さな女の子がそんなことができるなんて」魔女は台所の床に倒れて消えました。

◆ KEYWORDS

☐ **onto** [ɑ́:ntu:]   ☐ **disappear** [dìsəpíəʳ]
☐ *fall onto*   ☐ *put one's shoe back on*

◆ KEY SENTENCES   (☞ p. 107)

[52] The Wicked Witch gave a loud cry • and started • to get
    smaller • and smaller.

[53] "I never thought a little girl • like you • could do such a thing."

12. THE RESCUE

The Cowardly Lion was pleased to hear Dorothy's news. Then, they went and told the Winkies that they were also free. [54]They asked the Winkies to help them find their friends.

The Winkies left the Palace and soon brought back the Tin Woodman. When he saw Dorothy again, he cried because he was so happy.

Then, the Winkies brought back the Scarecrow's clothes. They put new straw into the clothes, and the Scarecrow became a Scarecrow again. He thanked them many times for saving him.

臆病なライオンは、ドロシーの知らせを聞いて喜びました。二人はウィンキーたちに自分の友だちを探すのを手伝ってもらうように頼みました。

[55]Dorothy said, "Now, we must go back to Oz and tell him what we have done."

"Yes," said the Woodman, "at last, I will get my heart."

"And I will get my brains," added the Scarecrow joyfully.

(122 [3,151] words)

◆ **KEYWORDS**
- ☐ **rescue** [réskjuː]
- ☐ *put ~ into*
- ☐ **joyfully** [dʒɔ́ɪfəli]

◆ **KEY SENTENCES** (☞ p. 107)

[54]They asked the Winkies • to help them find their friends.

[55]Dorothy said, • "Now, we must go back • to Oz • and tell him • what we have done."

"And I will get my courage," said the Lion thoughtfully.

"And I will get back to Kansas," cried Dorothy. "Let us start for Emerald City tomorrow!"

The next day, they called the Winkies and said good-bye to them. The Winkies asked the Tin Woodman to stay and rule over them, but the travelers all decided to go back to Emerald City.

[56]Dorothy went to find food for their journey, and at the same time, saw the Golden Cap. [57]She did not know anything about its special powers, but she liked it, so she decided to wear it.

(97 [3,248] words)

一行はエメラルドシティに帰ることにしました。ドロシーは旅に必要な食料を探しに行き、金の帽子を見つけると、それをかぶることにしました。

◆ KEYWORDS

☐ **let** [lét]   ☐ **wear** [wéəʳ]

☐ *rule over*

◆ KEY SENTENCES (☞ p. 107)

[56] Dorothy went • to find food • for their journey, • and • at the same time, • saw the Golden Cap.

[57] She did not know anything • about its special powers, • but she liked it, • so she decided to wear it.

13. THE WINGED MONKEYS

Dorothy and her friends did not know how to get to Emerald City. They decided to call the field mice for help. [58]Dorothy blew the whistle the Queen of the Mice gave her.

In a few minutes, the mice came running up to them. "What can I do for my friends?" asked the Queen.

"Can you tell us where Emerald City is?"

"Certainly," answered the Queen, "but it is a long way away."

Then, she noticed Dorothy's Golden Cap and said, "Why don't you use the special

帰る方法を聞くために野ネズミたちを呼ぶと、金の帽子に気づいた女王が、それで翼のある猿たちを呼べばオズの街まで運んでもらえると言いました。

powers of the Cap and call the Winged Monkeys? They will carry you to the City of Oz."

"I didn't know the Cap had special powers," answered Dorothy.

[59]"You must say the words written inside the Cap, and then the Winged Monkeys will do as you ask," said the Queen.

(137 [3,385] words)

◆ **KEYWORDS**

☐ **blew** [blúː] < blow
☐ **whistle** [ʰwísəl]
☐ *come running up to*

☐ **certainly** [sə́ːrtənli]
☐ **notice** [nóʊtəs]
☐ **written** [rítən] < write

◆ **KEY SENTENCES** (☞ p. 107)

[58]Dorothy blew the whistle • the Queen of the Mice • gave her.

[59]"You must say the words written • inside the Cap, • and then the Winged Monkeys will do • as you ask," • said the Queen.

Then, all the mice left.

Dorothy read the words inside the Golden Cap. The Winged Monkeys appeared and asked what they needed.

"We wish to go to Emerald City," said Dorothy.

[60]At first, the Scarecrow and the Tin Woodman were worried because of what the Winged Monkeys did to them before. But soon, they started to enjoy the journey.

(59 [3,444] words)

金の帽子の内側の文字を読むと、翼のある猿たちが現れ、何が欲しいかと聞いてきました。ドロシーは「エメラルドシティに行きたい」と言いました。

◆ **KEY SENTENCES** (☞ p. 107)

[60] At first, • the Scarecrow • and the Tin Woodman were worried • because of • what the Winged Monkeys did • to them • before.

14. THE DISCOVERY OF OZ THE TERRIBLE

The four travelers arrived at the great gate of Emerald City and rang the bell. The Guardian of the Gates opened the door.

"I thought you went to visit the Wicked Witch of the West," he said.

"We did," said the Scarecrow.

"And she let you go?" asked the Guardian.

"Dorothy destroyed her," said the Scarecrow.

The Guardian was surprised, but he led them into the city.

エメラルドシティに戻ったのにオズに会えないドロシーたちが、待ちくたびれて玉座の間に行くと、誰もいない玉座から大きな声が聞こえてきました。

[61]Oz was told that the Wicked Witch was destroyed, but he did not ask Dorothy or her friends to go and see him. [62]They got tired of waiting, so they went straight to the Throne Room, but there was no one there. Soon, they heard a loud Voice.

"I am Oz, the Great and Terrible. Why did you come?"

(126 [3,570] words)

◆ **KEYWORDS**

☐ **discovery** [dɪskʌ́vəri]   ☐ **straight** [stréɪt]

☐ **rang** [rǽŋ] < ring   ☐ *no one*

☐ *get tired of waiting*

◆ **KEY SENTENCES** (☞ p. 107)

[61]Oz was told • that the Wicked Witch was destroyed, • but he did not ask Dorothy • or her friends • to go • and see him.

[62]They got tired • of waiting, • so they went straight to the Throne Room, • but there was no one there.

"You must fulfill your promise," said Dorothy.

"Is the Wicked Witch really destroyed?" asked the Voice. Dorothy thought it sounded a little worried.

"Yes," she answered, "I destroyed her with water."

"Dear me," said the Voice, "Well, come back tomorrow, for I must have time to think."

"You had plenty of time already," said the Tin Woodman angrily.

"We can't wait anymore," said the Scarecrow.

"You must keep your promises," said Dorothy.

明日また来るようにと言うオズを脅そうと、ライオンが叫びました。驚いた
トトが飛びついて倒したスクリーンの向こう側には小さな老人がいました。

The Lion shouted to try to scare the Wizard. [63]It was such a fearful sound that Toto jumped up against a screen. [64]As the screen fell, they looked toward it and were surprised to see a little old man behind it. The Tin Woodman rushed toward the man and asked, "Who are you?"

"I am Oz, the Great and Terrible," he said in a quiet voice.

(138 [3,708] words)

◆ **KEYWORDS**

☐ **fulfill** [fʊlfíl]
☐ **promise** [prɑ́ːməs]
☐ *Dear me.*
☐ **plenty** [plénti]
☐ **angrily** [ǽŋgrəli]

☐ **scare** [skéəʳ]
☐ **fearful** [fíəʳfəl]
☐ *such ~ that*
☐ **against** [əgénst]
☐ **screen** [skríːn]

◆ **KEY SENTENCES** (☞ p. 108)

[63]It was such a fearful sound • that Toto jumped • up • against a screen.

[64]As the screen fell, • they looked • toward it • and were surprised • to see a little old man • behind it.

"But please don't hurt me. I'll do anything you want."

"I thought Oz was a great Head," said Dorothy.

"No," said the little man. "I was fooling you."

"Fooling us!" cried Dorothy. "Aren't you a great Wizard?"

"In truth, I'm just a common man. I was born in Omaha..."

"That's close to Kansas!" said Dorothy.

"One day, I went up in a balloon, but I couldn't come down again. [65]The balloon floated until I arrived at a beautiful country of strange people. [66]They thought I was a great Wizard, so to keep the good

オズは気球で飛ばされてきた普通の人でした。人々が彼を偉大な魔法使いだと思ったので、宮殿を建てこの場所をエメラルドシティと名付けたのでした。

people busy and happy, I told them to build this City and my Palace. Because the country was so green and beautiful, I decided to call it Emerald City."

(123 [3,831] words)

◆ **KEYWORDS**

☐ **hurt** [hə́ːˡt]

☐ **fool** [fúːl]

☐ **truth** [trúːθ]

☐ *in truth*

☐ **common** [káːmən]

☐ **Omaha** [óʊməhàː]

☐ *close to*

☐ **balloon** [bəlúːn]

◆ **KEY SENTENCES** (☞ p. 108)

[65] The balloon floated • until I arrived • at a beautiful country • of strange people.

[66] They thought • I was a great Wizard, • so • to keep the good people busy • and happy, • I told them • to build this City • and my Palace.

Then, Oz said, "[67]One of my greatest fears was the Witches because I had no special powers."

"Fortunately, the Witches of the North and South were good. But the Witches of the East and West were terribly wicked. When I heard that your house fell on the Wicked Witch of the East, I was pleased. [68]When you came to me, I was willing to promise anything if you would destroy the other Witch. But now that she is destroyed, I'm sorry to say that I cannot keep all my promises."

"I think you are a bad man," said Dorothy.

"I'm a good man, but I'm a bad Wizard."

(108 [3,939] words)

オズは「残念ですが、私はすべての約束を守ることができません」と言うと、
ドロシーは「あなたは悪い人だと思います」と言いました。

◆ **KEYWORDS**

☐ **fortunately** [fɔːʳtʃənətli]   ☐ *willing to*
☐ **south** [sáʊθ]   ☐ **bad** [bǽd]
☐ **willing** [wílɪŋ]

◆ **KEY SENTENCES** (☞ p. 108)

[67] One of my greatest fears • was the Witches • because I had no special powers.

[68] When you came to me, • I was willing • to promise anything • if you would destroy the other Witch.

"Can I still get my brains?" asked the Scarecrow.

"Oh, yes," replied Oz. [69]"I'm sorry, but I must take your head off in order to put your brains in their proper place."

"That's all right," said the Scarecrow.

The Wizard took the straw out of his head. He put some corn and other things in, and then he put the straw back. The Scarecrow was pleased and proud.

"How about my heart?" asked the Woodman.

Oz said, [70]"I shall have to cut a hole in you so I can put your heart in the right place. I hope it won't hurt you."

オズは、かかしの頭からわらを取り出すとトウモロコシなどを入れて戻しました。それから木こりの左側に小さな穴をあけて布製の心臓を入れました。

"Oh, no," answered the Woodman. "I shall not feel it at all."

So Oz cut a small, square hole in the left side of the Tin Woodman. Then he put in a pretty heart made of cloth.

"Isn't it beautiful?" he asked.

"It is, indeed!" answered Oz.

"I will never forget your kindness," said the Tin Woodman.

(159 [4,098] words)

◆ **KEYWORDS**

☐ **still** [stíl]
☐ *take ~ off*
☐ *in order to*
☐ **proper** [prɑ́ːpəʳ]
☐ **corn** [kɔ́ːʳn]
☐ **proud** [práʊd]

☐ **hole** [hóʊl]
☐ **square** [skwéəʳ]
☐ **cloth** [klɔ́ːθ]
☐ **indeed** [ìndíːd]
☐ **kindness** [káɪndnəs]

◆ **KEY SENTENCES** (☞ p. 108)

[69] "I'm sorry, • but I must take your head off • in order • to put your brains • in their proper place."

[70] "I shall have to cut a hole • in you • so I can put your heart • in the right place."

"Might I still get my courage?" asked the Lion.

"I will get it for you," answered Oz.

[71]He went and got a green bottle full of water and told the Lion that it was courage. The Lion drank it quickly.

"How do you feel?" asked Oz.

"Full of courage," replied the Lion.

However, Oz was worried. It had been easy to help the Scarecrow, the Tin Woodman, and the Lion.

"And now," said Dorothy, "how do I get back to Kansas?"

"Give me a few days," replied Oz. "[72]I'll try to find a way to carry you over the desert. In the meantime, you are my guests here in the Palace. There is only one thing I ask of you. Please don't tell anyone that I'm not a Wizard."

They agreed to say nothing and went happily to their rooms.

(140 [4,238] words)

◆ **KEYWORDS**

☐ **however** [hàʊévəʳ]
☐ **been** [bín] < be
☐ **desert** [dézəʳt]
☐ **meantime** [míːntàɪm]

☐ *in the meantime*
☐ **guest** [gést]
☐ *ask of*
☐ **agree** [əgríː]

◆ **KEY SENTENCES** (☞ p. 108)

[71] He went • and got a green bottle • full of water • and told the Lion • that it was courage.

[72] I'll try • to find a way • to carry you • over the desert.

🎧15 15. THE BALLOON

For three days, Dorothy heard nothing from Oz. On the fourth day, Oz finally asked to see her.

"I believe I can make a balloon for us to cross the desert," Oz said.

"Us," said Dorothy. "Are you going with me?"

"Yes, of course," replied Oz. "[73]People will discover that I'm not a Wizard if I leave the Palace, so I have to stay here all day. I'd much rather be a common man again."

"I would be glad to have your company," said Dorothy.

待つこと4日目、オズはドロシーに、気球で一緒に帰るアイデアを話しました。オズは3日間で気球をつくり、木こりは薪を切って火をおこしました。

It took Oz three days to make a great balloon. [74]When it was ready, Oz told his people that he was going to visit a brother Wizard in the clouds. The Tin Woodman cut wood and made a fire.

(124 [4,362] words)

◆ **KEYWORDS**

☐ **believe** [bɪlíːv]
☐ **cross** [krɔ́ːs]
☐ **discover** [dɪskʌ́vəʳ]
☐ **rather** [rǽðəʳ]

☐ *would rather*
☐ **company** [kʌ́mpənìː]
☐ *it takes someone ~ to ...*

◆ **KEY SENTENCES** (☞ p. 109)

[73] People will discover • that I'm not a Wizard • if I leave the Palace, • so I have to stay here • all day.

[74] When it was ready, • Oz told his people • that he was going to visit a brother Wizard • in the clouds.

⁷⁵Oz held the bottom of the balloon over the fire so that the hot air would go into the balloon. Gradually, the balloon filled and rose into the air.

Then, Oz got into the basket and shouted out to everyone, "I'm going away. While I'm gone, the Scarecrow will rule over you."

"Come, Dorothy!" continued the Wizard. "Hurry, or the balloon will fly away."

"I can't find Toto anywhere," replied Dorothy. She would not leave her little dog behind. At last, Dorothy found him barking at a cat. She picked him up and ran toward the balloon.

⁷⁶She got close, and Oz was holding out his hands to help her into the basket.

オズがバスケットに乗り込み、ドロシーがトトを見つけて気球の方へと走りましたが、突然気球はドロシーを置き去りにして空中に舞い上がりました。

Suddenly, the balloon rose into the air without her.

"Wait!" she shouted. "I want to go, too!"

(130 [4,492] words)

◆ **KEYWORDS**
☐ **bottom** [bá:təm]   ☐ *leave behind*
☐ **gradually** [grǽdʒuːəli]   ☐ **bark** [báːʰk]
☐ **rose** [róʊz] < rise   ☐ *get close*
☐ **while** [ʰwáɪl]   ☐ *hold out one's hand*
☐ **gone** [gɔ́ːn] < go

◆ **KEY SENTENCES** (☞ p. 109)

[75] Oz held the bottom • of the balloon • over the fire • so that the hot air would go • into the balloon.

[76] She got close, • and Oz was holding out his hands • to help her • into the basket.

"I can't, my dear," called Oz from the basket. "Good-bye!"

[77]"Good-bye!" shouted everyone as the balloon flew farther and farther away.

[78]And that was the last any of them ever saw of Oz.

(33 [4,525] words)

気球がどんどん遠くに飛んでいくと、「さようなら！」とみんなが叫びました。それが人々が見たオズの最後の姿となりました。

◆ **KEYWORDS**

☐ *my dear*   ☐ *see of*

☐ **farther** [fɑːˈðəʳ]

◆ **KEY SENTENCES** (☞ p. 109)

[77] "Good-bye!" shouted everyone • as the balloon flew farther • and farther away.

[78] And that was the last • any of them ever saw • of Oz.

16. AWAY TO THE SOUTH

⁷⁹Dorothy was sad that Oz had gone, but she was also pleased because she was still with her friends. The Scarecrow was now the ruler of Emerald City, and the people were proud of him.

He said, "A short time ago, I was on a pole in a farmer's cornfield. But today, I am the ruler of this beautiful city. I feel quite happy. If Dorothy could also feel happy living here, we might all be happy together."

"But I want to return to Kansas," Dorothy said.

⁸⁰"What can be done?" asked the Woodman.

かかしは「ここでみんなで一緒に暮らせば幸せになれるかもしれない」と言いましたが、ドロシーは「でも私はカンザスに帰りたい」と言いました。

　"Let's call the guard for advice," he said.

　When the guard came, the Scarecrow said to him, "This little girl wishes to cross the desert. How can she do it?"

(124 [4,649] words)

◆ **KEYWORDS**
☐ **ruler** [rúːləʳ]　　　　　　☐ **quite** [kwáɪt]

◆ **KEY SENTENCES** (☞ p. 109)

[79] Dorothy was sad • that Oz had gone, • but she was also pleased • because she was still • with her friends.

[80] "What can be done?" • asked the Woodman.

"I do not know," answered the guard. [81]"Nobody has ever crossed the desert besides Oz."

"Can anyone help me?" asked Dorothy.

"Maybe Glinda, the Witch of the South, can," he suggested. "Her Palace is on the edge of the desert, so she may know a way to cross it."

"How can I get to her Palace?" asked Dorothy.

"The road is straight to the South," he answered.

[82]The guard then left them, and Dorothy's friends all decided to go with her.

(81 [4,730] words)

「オズ以外に砂漠を渡った人はいないが、南の魔女のグリンダなら助けてくれるかも」と守衛が言い、ドロシーの友だちは一緒に行くことにしました。

◆ **KEYWORDS**

☐ **besides** [bisáidz] ☐ **suggest** [sədʒést]
☐ **Glinda** [glíndə] ☐ *on the edge of*

◆ **KEY SENTENCES** (☞ p. 109)

[81] "Nobody has ever crossed the desert • besides Oz."

[82] The guard then left them, • and Dorothy's friends • all decided to go with her.

17. THE LION BECOMES THE KING OF ANIMALS

After some time, the travelers arrived at a forest with very big and very old trees.

"This forest is perfectly wonderful," said the Lion, looking around with joy.

"It seems sad and dark," said the Scarecrow.

"Not at all," answered the Lion. "I want to live here all my life."

[83]They walked through the forest until it became too dark to go any further. Dorothy, Toto, and the Lion lay down to sleep while the Woodman and the Scarecrow guarded them.

森で夜を過ごした一行は、朝になって、動物たちが大勢集まっているのに驚きました。ライオンは「何か困ったことがあるのか？」と尋ねました。

When morning came, they were surprised to see a large group of animals. [84]The biggest of them bowed to the Lion and said, "Welcome, O King of the Animals! You must be here to help us bring peace."

"What is your trouble?" asked the Lion.

(126 [4,856] words)

◆ **KEYWORDS**

☐ **perfectly** [pə́ːˈfəktli]

☐ **joy** [dʒɔ́ɪ]

☐ **seem** [síːm]

☐ **further** [fə́ːˈðəʳ]

☐ **lay** [léɪ] < lie

☐ *lie down*

☐ **bow** [báʊ]

☐ **peace** [píːs]

☐ **trouble** [trʌ́bəl]

◆ **KEY SENTENCES** (☞ p. 109–110)

[83]They walked through the forest • until it became too dark • to go any further.

[84]The biggest • of them bowed • to the Lion • and said, • "Welcome, • O King • of the Animals! • You must be here • to help us bring peace."

The speaker said, "A huge animal recently came to the forest, and many of us were eaten."

The Lion thought for a moment.

[85]"If I destroy your enemy, will you let me be King of the Forest?" asked the Lion.

"Gladly," replied the speaker.

The Lion went to look for the great animal and found it lying asleep. It had a big mouth with sharp teeth, but it had a thin neck. The Lion jumped onto the animal's back and quickly tore the animal's head from its body.

The Lion went back and said to the animals, "You no longer need to fear the animal."

森に巨大な獣がきて多くの動物たちが食べられたことを聞いたライオンは、その獣を退治しました。ライオンは動物たちの新しい王になりました。

[86]The animals bowed down to the Lion as their new King, and he promised to come back and rule over them as soon as Dorothy returned to Kansas.

(133 [4,989] words)

◆**KEYWORDS**

☐ **speaker** [spíːkəʳ]
☐ **huge** [hjúːdʒ]
☐ **recently** [ríːsntli]
☐ **eaten** [íːtən] < eat
☐ **enemy** [énəmi]
☐ **lying** [láɪɪŋ] < lie

☐ **sharp** [ʃáːʳp]
☐ **thin** [θín]
☐ **tore** [tɔ́ːʳ] < tear
☐ *tear ~ from*
☐ *bow down to*

◆**KEY SENTENCES** (☞ p. 110)

[85] "If I destroy your enemy, • will you let me be King • of the Forest?" • asked the Lion.

[86] The animals bowed • down • to the Lion • as their new King, • and he promised • to come back • and rule • over them • as soon • as Dorothy returned to Kansas.

18. THE COUNTRY OF THE QUADLINGS

The travelers left the forest and soon arrived at the country of the Quadlings. There were fields of corn with good roads running between them. The fences and houses were all painted bright red.

The travelers walked up to a farmhouse. The farmer's wife opened the door and let them in. [87]She gave them all a good dinner with cakes and biscuits and even some milk for Toto.

"How far is it to Glinda's Palace?" asked Dorothy.

"It isn't far," answered the farmer's wife. "Take the road to the South and you will soon reach it."

農夫の奥さんに夕食をごちそうになった旅人たちは、それからしばらく歩いて宮殿を見つけました。門のそばの３人の若い娘がドロシーに質問しました。

They walked and soon found a beautiful Palace. There were three young girls by the gate. [88]As Dorothy approached, one of them said to her, "Why are you here in the South country?"

(129 [5,118] words)

◆ **KEYWORDS**

☐ **Quadling** [kwάdliŋ]   ☐ **wife** [wáɪf]
☐ *walk up to*   ☐ **biscuit** [bískət]
☐ **farmhouse** [fάːʳmhàʊs]   ☐ **approach** [əpróʊtʃ]

◆ **KEY SENTENCES** (☞ p. 110)

[87]She gave them all a good dinner • with cakes • and biscuits • and even some milk • for Toto.

[88]As Dorothy approached, • one of them said • to her, • "Why are you here • in the South country?"

"To see the Good Witch," she answered. "Will you take me to her?"

[89]"Let me have your names, and I will ask Glinda if she will see you."

They told her who they were, and the girl guard went into the Palace. Soon, she came back to welcome them in.

(50 [5,168] words)

「グリンダに会えるかどうか聞いてみましょう」と言って少女の警備員が宮殿に行くと、すぐに彼らを歓迎するために戻ってきました。

◆ **KEYWORDS**

□ *ask someone if*

◆ **KEY SENTENCES** (☞ p. 110)

[89]"Let me have your names, • and I will ask Glinda • if she will see you."

19. GLINDA GIVES DOROTHY HER WISH

Glinda was sitting on a throne. She looked young, beautiful, and kind.

"What can I do for you, my child?" she asked.

Dorothy told the Witch her story.

"I can help you," said Glinda. "But you must give me the Golden Cap."

[90]Glinda told them she would give the Golden Cap to the Winged Monkeys so that they could be free. Dorothy happily handed it over.

Then, the Good Witch said, "The Silver Shoes can carry you to any place in the

グリンダはドロシーに、翼のある猿を自由にするために金の帽子を渡すように言い、「銀の靴を使えば世界中どこへでも行けるのよ」と言いました。

world in three steps. [91]All you have to do is hit your shoes together three times and tell them where you want to go."

"I will ask them to carry me back to Kansas at once," said Dorothy happily.

(121 [5,289] words)

◆ **KEYWORDS**

☐ *hand over*

☐ **step** [stép]

☐ **once** [wʌ́ns]

☐ *at once*

◆ **KEY SENTENCES** (☞ p. 110)

[90]Glinda told them • she would give the Golden Cap • to the Winged Monkeys • so that they could be free.

[91]All you have to do is • hit your shoes together • three times • and tell them • where you want • to go.

She threw her arms around the Lion's neck and kissed him. Then she kissed the Tin Woodman. He started to cry. She then held the Scarecrow and started crying herself.

[92]Glinda the Good came down from her red throne and gave Dorothy a good-bye kiss, and Dorothy thanked her for all her kindness.

Dorothy took Toto and hit her shoes together three times.

"Take me home to Aunt Em!" she cried.

[93]Suddenly, she was flying through the air so quickly that when she finally stopped, she rolled over on the grass several times.

ドロシーはトトを連れて靴を３回叩き合わせると「エムおばさんのところに連れてって！」と叫びました。彼女は新しい農家の近くに座っていました。

She sat up and looked around her. She was sitting near a new farmhouse. Uncle Henry built it after the cyclone.

(114 [5,403] words)

◆**KEYWORDS**

☐ **herself** [hə⟨r⟩sélf]

☐ **roll** [róʊl]

☐ *roll over*

◆**KEY SENTENCES** (☞ p. 110–111)

[92] Glinda the Good came • down • from her red throne • and gave Dorothy a good-bye kiss, • and Dorothy thanked her • for all her kindness.

[93] Suddenly, • she was flying • through the air • so quickly • that • when she finally stopped, • she rolled • over • on the grass several times.

20. HOME AGAIN

[94]Aunt Em was watering the flowers when she looked up and saw Dorothy.

"My child!" she cried. "Where in the world did you come from?"

"From the Land of Oz," said Dorothy. "Oh, Aunt Em! I'm so glad to be home again!"

(42 [5,445] words)

花に水をやっていたエムおばさんは、ドロシーを見て「いったいどこから来たの？」と叫びました。「ああ、エムおばさん！ 再び家に帰れたのね！」

◆ **KEY SENTENCES** (☞ p. 111)

[94] Aunt Em was watering the flowers • when she looked up • and saw Dorothy.

〈 KEY SENTENCES の訳 〉

1. Every time there was a cyclone, they opened a small door in the floor and went down into the room.
   サイクロンが来るたびに、彼らは床にある小さな扉を開けて、部屋の中に降りていきました。

2. Just then, Uncle Henry said, "There's a cyclone coming."
   ちょうどそのとき、ヘンリーおじさんが「サイクロンが来るぞ」と言いました。

3. She was in a beautiful country full of flowers, birds, and big fruit trees.
   彼女は花や鳥、大きな果物の木がたくさんある美しい国にいました。

4. Dorothy said, "That can't be right. I did not kill anyone."
   ドロシーは「そんなはずはないでしょう。私は誰も殺していないわ」と言いました。

5. "The Munchkins had to serve the Wicked Witch of the East for many years, but now they are all free."
   「マンチキンたちは長い間、東の悪い魔女に仕えなければなりませんでしたが、今はみんな自由です」

6. Dorothy said, "I want to get back to my aunt and uncle in Kansas. Can you help me?"
   ドロシーは「カンザスのおばさんとおじさんのところに帰りたいんです。助けてくれますか?」と言いました。

7. She kissed Dorothy on the head, and a shining mark appeared.
   彼女がドロシーの頭にキスをすると、輝くマークが現れました。

8. "The road to Emerald City is made of Yellow Brick," said the Witch, "so you cannot miss it."
   「エメラルドシティへの道は黄色いレンガでできているのよ」と魔女は言いました。「だから見逃すことはありません」

9. She filled a little basket with bread and put on the Silver Shoes.
   彼女は小さなかごにパンをつめて、銀の靴をはきました。

10. There was a fence painted blue beside the road and a big cornfield beyond the fence.
    道の横には青く塗られた柵があり、柵の向こうには大きなトウモロコシ畑がありました。

11. In the cornfield, Dorothy could see a Scarecrow up on a pole looking at her.
    トウモロコシ畑の中で、ドロシーはかかしが棒の上で彼女を見つめているのが見えました。

12. "My name is Dorothy, and I'm going to Emerald City to ask the Great Oz to send me back to Kansas."
「私の名前はドロシーです。エメラルドシティに行って、オズ大王に私をカンザスへ帰してくれるようにお願いします」

13. The Scarecrow thought for a moment and then asked, "If I go to Emerald City with you, do you think Oz will give me some brains?"
かかしはしばらく考えてから、「あなたと一緒にエメラルドシティに行ったら、オズは私に脳みそをくれると思いますか?」と尋ねました。

14. They soon found a man made of tin with an ax in his hands.
彼らはまもなく手に斧を持ったブリキでできた男を見つけました。

15. Dorothy found it and oiled the Tin Woodman until he could move freely.
ドロシーはそれを見つけて、ブリキの木こりが自由に動けるようになるまで油をさしてやりました。

16. "It would be as easy as giving the Scarecrow brains."
「かかしに脳みそを与えるのと同じくらい簡単なことでしょう」

17. They welcomed him, and they all continued through the forest until they came to the Yellow Brick Road.
彼らは彼をあたたかく迎え入れ、みんなで、黄色いレンガの道に出るまで森を進んでいきました。

18. Dorothy rushed forward and hit the Lion's nose as hard as she could.
ドロシーは急いで前に出ると、ライオンの鼻を思いっきり叩きました。

19. Perhaps if I didn't have a heart, I would not be a coward.
たぶん、心を持っていなかったら、臆病者にはならなかったかもしれません。

20. "I suppose so. I've never looked to see," replied the Lion.
「そうかもしれない。確認したことがないな」とライオンは答えました。

21. "I'm going to the Great Oz to ask him for some," said the Scarecrow.
「オズ大王にいくらかお願いしに行くんだ」とかかしは言いました。

22. The next day, they saw a great, deep valley that crossed the road and divided the forest.
次の日、彼らは道を横切り、森を分断する大きくて深い谷を見ました。

23. "I will," said the Scarecrow, "because if you found that you could not jump over it, Dorothy would be killed, or the Tin Woodman would hit the rocks below."

「僕がやろう」とかかしは言いました。「もし君が飛び越えられないとわかったら、ドロシーは殺されるか、ブリキの木こりは下の岩にぶつかるだろうから」と。

24. Everyone was happy to see them land safely.

無事に着地した二人を見て、みんなは喜びました。

25. Then, the Lion carried the Tin Woodman, and they all sat down for a few moments to give the Lion a chance to rest.

そして、ライオンがブリキの木こりを運び、みんなは、ライオンを休ませるためにしばらく座っていました。

26. As they walked, they saw more and more big red poppies and fewer and fewer other flowers.

一行が歩いていると、大きな赤いポピーがどんどん増えてきて、他の花が少なくなってきました。

27. The poppies had such a strong smell that they could make people fall asleep forever.

ポピーの匂いは強烈で、人を永遠に眠らせることができるほどでした。

28. "We will bring Dorothy, but you are too big to carry if you fall asleep."

「ドロシーを連れてきますが、あなたは大きすぎるので寝てしまったら運べませんよ」

29. They carried Dorothy and Toto away from the poppies to a pretty place beside the river and laid her on the soft grass.

二人はドロシーとトトをポピーから遠ざけ、川のそばのきれいな場所に運び、やわらかい草の上に寝かせました。

30. Although the Woodman had no heart, he knew it was wrong to allow the wildcat to kill such a pretty little animal.

木こりには心がありませんでしたが、こんなにかわいくて小さい動物を山猫に殺させるのは間違っていることはわかっていました。

31. "I have no heart, so I'm careful to help those in need, even if it's only a mouse."

「私は心がないので、たとえただのネズミ一匹でも、困っているのを助けるように気をつけています」

32. The Scarecrow said quickly, "You can save our friend, the Cowardly Lion, who is asleep in the poppy field."

かかしはすかさず言いました。「ポピー畑で眠っている友だちの臆病なライオンを助

けてあげてください」

33. Then, the mice pushed the Lion into the car and pulled him from the poppies.
そして、ネズミたちはライオンを車に押し込むと、ポピーから引き離しました。

34. "If you ever need us again," she said, "call us and we will come and help you."
「もし、また私たちが必要になったら、私たちを呼んでください。助けにまいります」と彼女は言いました。

35. There were fences on either side painted green, and they saw a beautiful green light in the sky before them.
両側には緑色に塗られた柵があり、彼らの目の前の空には美しい緑色の光が見えていました。

36. Before them stood a little man.
その前に小さな男が立っていました。

37. The Guardian of the Gates led them through the streets to the Palace of Oz.
門の守衛に案内され、彼らは通りを抜けてオズの宮殿に到着しました。

38. As Dorothy looked at the Head in wonder and in fear, the eyes turned slowly to look at her.
ドロシーが驚きと恐怖でその頭を見ていると、その目はゆっくりと彼女に向いていきました。

39. "I got them from the Wicked Witch of the East when my house fell on her and killed her," she replied.
「私の家が東の悪い魔女の上に落ちてきて、彼女を殺したときに手に入れたの」と彼女は答えました。

40. "That is where the Good Witch of the North kissed me when she said good-bye to me and sent me to you," said Dorothy.
「それは北のよい魔女が私にさよならと言って、あなたのところに私を送ったときにキスをしたところです」とドロシーは言いました。

41. "If you cannot kill her yourself, how do you think I can do it?" cried Dorothy.
「あなたが自分で殺せないなら、どうやって私に殺せというの?」とドロシーは叫びました。

42. She went back to where the Lion, Scarecrow, and Tin Woodman were waiting and told them what Oz said to her.

彼女はライオン、かかし、ブリキの木こりが待っているところへ戻り、オズが彼女に言ったことを伝えました。

43. When he returned, he told everyone that he, too, was asked to kill the Witch.

戻ってきた彼は、自分も魔女を殺すように頼まれたことをみんなに告げました。

44. The Guardian of the Gates opened the gate and said, "Keep to the West, and you will find the Wicked Witch," said the Guardian.

門の守衛は門を開け、「西に進んでいけば、悪い魔女が見つかるだろう」と言いました。

45. She called twelve Winkies and told them to go destroy the strangers.

彼女は12人のウィンキーたちを呼び、よそ者をやっつけに行くように言いました。

46. Then, the Lion ran toward them, and the poor Winkies were so afraid that they ran away.

すると、ライオンが彼らに向かって走ってきたので、かわいそうなウィンキーたちは恐れて逃げ出しました。

47. They put him in a small yard with a high fence around it so that he could not escape.

彼らは彼を高い柵で囲んだ小さな庭に入れて、逃げられないようにしました。

48. They saw the mark of the Good Witch's kiss on Dorothy's head, so they could only carry her to the Wicked Witch's Palace.

彼らはドロシーの頭によい魔女のキスの跡があるのを見たので、悪い魔女の宮殿まで彼女を運ぶしかありませんでした。

49. But she soon saw that Dorothy did not know of the Silver Shoes' power, so she laughed and said, "If you don't follow my orders, I will destroy you."

しかし、彼女はすぐにドロシーが銀の靴の力を知らないことを見抜き、笑って言いました。「私の命令に従わないなら、あなたを滅ぼすわよ」

50. One day, when Dorothy wasn't looking, the Witch placed a piece of iron in the middle of the kitchen floor.

ある日、ドロシーが見ていないすきに、魔女は台所の床の真ん中に鉄片を置きました。

51. This made Dorothy so angry that she picked up the pot of water near her and threw it over the Witch.

これに怒ったドロシーは、そばにあった水の入った鍋を手に取り、魔女の上に投げつけました。

52. The Wicked Witch gave a loud cry and started to get smaller and smaller.
悪い魔女は大きな叫び声をあげて、だんだん小さくなっていきました。

53. "I never thought a little girl like you could do such a thing."
「おまえのような小さな女の子がそんなことができるなんて、思いもしなかった」

54. They asked the Winkies to help them find their friends.
彼らはウィンキーたちに友だちを探すのを手伝ってくれるように頼みました。

55. Dorothy said, "Now, we must go back to Oz and tell him what we have done."
ドロシーは言いました。「さあ、オズの国へ帰って、私たちがしたことを伝えないとね」

56. Dorothy went to find food for their journey, and at the same time, saw the Golden Cap.
ドロシーは旅に必要な食べ物を探しに行って、同時に金の帽子を見かけました。

57. She did not know anything about its special powers, but she liked it, so she decided to wear it.
彼女はその特別な力について何も知りませんでしたが、気に入ったので、それを身につけることにしました。

58. Dorothy blew the whistle the Queen of the Mice gave her.
ドロシーは、ネズミの女王から渡された笛を吹きました。

59. "You must say the words written inside the Cap, and then the Winged Monkeys will do as you ask," said the Queen.
「帽子の内側に書かれている呪文を言えば、翼のある猿たちが、あなたが頼んだ通りのことをしてくれますよ」と女王さまは言いました。

60. At first, the Scarecrow and the Tin Woodman were worried because of what the Winged Monkeys did to them before.
かかしとブリキの木こりは、以前、翼のある猿たちにされたことを思い出して、はじめは心配しました。

61. Oz was told that the Wicked Witch was destroyed, but he did not ask Dorothy or her friends to go and see him.
オズは悪い魔女が滅びたことを聞かされましたが、ドロシーたちに会いにくるようにとは言いませんでした。

62. They got tired of waiting, so they went straight to the Throne Room, but there was no one there.
待ちくたびれた彼らは、そのまま玉座の間に行きましたが、そこには誰もいませんでした。

63. It was such a fearful sound that Toto jumped up against a screen.

あまりに恐ろしい音だったのでトトはスクリーンに飛びつきました。

64. As the screen fell, they looked toward it and were surprised to see a little old man behind it.

スクリーンが倒れたので彼らがそちらを見ると、その向こうに小さな老人がいるのに驚きました。

65. The balloon floated until I arrived at a beautiful country of strange people.

気球は、奇妙な人たちの住む美しい国に着くまで浮いていました。

66. They thought I was a great Wizard, so to keep the good people busy and happy, I told them to build this City and my Palace.

彼らは私を偉大な魔法使いだと思っていたので、よい人たちを忙しく幸せにするために、私は彼らにこの都市と私の宮殿を建てるように言ったのです。

67. One of my greatest fears was the Witches because I had no special powers.

私が最も恐れていたのは魔女でした。私には特別な力がなかったからです。

68. When you came to me, I was willing to promise anything if you would destroy the other Witch.

あなたが私のところに来たとき、もう一人の魔女を滅ぼしてくれるなら、私は何でも約束しようと思っていました。

69. "I'm sorry, but I must take your head off in order to put your brains in their proper place."

「すまないが、君の脳みそをあるべき場所に置くために、君の頭をはずさなければなりません」

70. "I shall have to cut a hole in you so I can put your heart in the right place."

「君の心臓を正しい場所に置くために、君に穴を開けなければなりません」

71. He went and got a green bottle full of water and told the Lion that it was courage.

彼は水がいっぱい入った緑の瓶を持ってきて、ライオンに「これは勇気だよ」と言いました。

72. I'll try to find a way to carry you over the desert.

あなたを砂漠を越えて運ぶ方法を探してみましょう。

73. People will discover that I'm not a Wizard if I leave the Palace, so I have to stay here all day.

私が宮殿を出たら、人々に自分が魔法使いじゃないことがばれるから、一日中ここにいなくてはいけないんだ。

74. When it was ready, Oz told his people that he was going to visit a brother Wizard in the clouds.

準備が整うと、オズは雲の上にいる兄弟の魔法使いを訪ねに行くことを人々に告げました。

75. Oz held the bottom of the balloon over the fire so that the hot air would go into the balloon.

オズは風船の底を火の上にかざし、熱風が風船に入るようにしました。

76. She got close, and Oz was holding out his hands to help her into the basket.

彼女が気球に近づくと、オズが手を差し伸べて、彼女がバスケットに入るのを助けようとしていました。

77. "Good-bye!" shouted everyone as the balloon flew farther and farther away.

気球がどんどん遠くに飛んでいくと、「さようなら!」とみんなが叫びました。

78. And that was the last any of them ever saw of Oz.

そして、それが彼らの誰もがこれまでにオズを見た最後の姿になったのです。

79. Dorothy was sad that Oz had gone, but she was also pleased because she was still with her friends.

ドロシーはオズがいなくなったことを悲しんでいましたが、まだ友だちと一緒にいられるのでうれしくもありました。

80. "What can be done?" asked the Woodman.

「何ができるのだろう?」木こりが聞きました。

81. "Nobody has ever crossed the desert besides Oz."

「オズ様以外に砂漠を渡った者は誰もいません」

82. The guard then left them, and Dorothy's friends all decided to go with her.

守衛はそうして去っていきました。ドロシーの友だちはみんな彼女と一緒に行くことにしました。

83. They walked through the forest until it became too dark to go any further.

森の中を歩いていると、暗くなりすぎてこれ以上先に進めなくなりました。

84. The biggest of them bowed to the Lion and said, "Welcome, O King of the Animals! You must be here to help us bring peace."
彼らの中で一番大きなものがライオンにお辞儀をして、「ようこそ、動物の王様！平和をもたらすために、あなたはここにいらっしゃったのですね」と言いました。

85. "If I destroy your enemy, will you let me be King of the Forest?" asked the Lion.
「もし私があなたたちの敵を滅ぼしたら、私を森の王にしてくれませんか？」とライオンは尋ねました。

86. The animals bowed down to the Lion as their new King, and he promised to come back and rule over them as soon as Dorothy returned to Kansas.
動物たちはライオンを新しい王としてひれ伏し、彼はドロシーがカンザスに戻ったらすぐに戻ってきて彼らを統治することを約束しました。

87. She gave them all a good dinner with cakes and biscuits and even some milk for Toto.
彼女は彼らにケーキやビスケットの付いたおいしい夕食をごちそうし、そしてトトのためにミルクまで用意しました。

88. As Dorothy approached, one of them said to her, "Why are you here in the South country?"
ドロシーが近づくと、彼らの一人が言いました。「どうしてここ、南の国にいらっしゃったのですか？」

89. "Let me have your names, and I will ask Glinda if she will see you."
「名前を教えてください。グリンダに会えるかどうか聞いてみます」

90. Glinda told them she would give the Golden Cap to the Winged Monkeys so that they could be free.
グリンダは彼らに、金の帽子を翼のある猿に渡せば彼らは自由になれると言いました。

91. All you have to do is hit your shoes together three times and tell them where you want to go.
靴を3回叩き合わせて、どこに行きたいか言うだけでいいのです。

92. Glinda the Good came down from her red throne and gave Dorothy a good-bye kiss, and Dorothy thanked her for all her kindness.
よい（魔女の）グリンダは赤い玉座から降りてきて、ドロシーにお別れのキスをしました。ドロシーは彼女の優しさに感謝しました。

93. Suddenly, she was flying through the air so quickly that when she finally stopped, she rolled over on the grass several times.
突然、彼女はとても速く空を飛び、やっと止まったと思ったら、草の上に何度も転がりました。

94. Aunt Em was watering the flowers when she looked up and saw Dorothy.
エムおばさんが花に水をやっていて、ふと見上げるとドロシーがいました。

Word List

- ・語形が規則変化する語の見出しは原形で示しています。不規則変化語は本文中で使われている形になっています。
- ・一般的な意味を紹介していますので，一部の語で本文で実際に使われている品詞や意味と合っていないことがあります。
- ・品詞は以下のように示しています。

名名詞	代代名詞	形形容詞	副副詞	動動詞	助助動詞
前前置詞	接接続詞	間間投詞	冠冠詞	略略語	俗俗語
熟熟語	頭接頭語	尾接尾語	号記号	関関係代名詞	

A

- □ **a** 冠 ①1つの，1人の，ある ②〜につき
- □ **about** 副 ①およそ，約 ②まわりに，あたりを **about to**《**be 〜**》まさに〜しようとしている，〜するところだ **How about 〜?** 〜はどうですか。〜しませんか。 前 ①〜について ②〜のまわりに[の]
- □ **across** 前 〜を渡って，〜の向こう側に，(身体の一部に)かけて **go across** 〜を横断する **walk across** 〜を歩いて渡る
- □ **add** 動 ①加える，足す ②言い添える
- □ **advice** 名 忠告，助言，意見
- □ **afraid** 形 ①心配して ②恐れて，こわがって
- □ **after** 前 ①〜の後に[で]，〜の次に ②《前後に名詞がきて》次々に〜，何度も〜《反復・継続を表す》 副 後に[で]

- □ **again** 副 再び，もう一度
- □ **against** 前 ①〜に対して，〜に反対して，(規則など)に違反して ②〜にもたれて
- □ **ago** 副 〜前に
- □ **agree** 動 ①同意する ②意見が一致する
- □ **air** 名 ①《the 〜》空中，空間 ②空気，《the 〜》大気 ③雰囲気，様子
- □ **all** 形 すべての，〜中 代 全部，すべて(のもの[人]) 名 全体 副 まったく，すっかり **all day** 一日中，明けても暮れても **all one's life** ずっと **all right** 大丈夫で，よろしい，申し分ない，わかった，承知した **at all** 全く〜ない **for all 〜** 〜にもかかわらず **not at all** 少しも〜でない **not 〜 at all** 少しも[全然]〜ない **That's all right.** いいんですよ。
- □ **allow** 動 ①許す，《**− … to 〜**》…が〜するのを可能にする，…に〜させておく ②与える
- □ **almost** 副 ほとんど，もう少しで

（～するところ）

□ **along** 前 ～に沿って 副 ～に沿って, 前へ, 進んで **come along** 一緒に来る, ついて来る

□ **already** 副 すでに, もう

□ **also** 副 ～も（また）, ～も同様に

□ **although** 接 ～だけれども, ～にもかかわらず, たとえ～でも

□ **am** 動 ～である, （～に）いる［ある］《主語がIのときのbeの現在形》

□ **among** 前 （3つ以上のもの）の間で［に］, ～の中で［に］

□ **an** 冠 ①1つの, 1人の, ある ②～につき

□ **and** 接 ①そして, ～と… ②《同じ語を結んで》ますます ③《結果を表して》それで, だから **and so** そこで, それだから, それで, 同様に

□ **angrily** 副 怒って, 腹立たしげに

□ **angry** 形 怒って, 腹を立てて

□ **animal** 名 動物

□ **answer** 動 ①答える, 応じる ②《– for ～》～の責任を負う 名 答え, 応答, 返事

□ **any** 形 ①《疑問文で》何か, いくつかの ②《否定文で》何も, 少しも（～ない）③《肯定文で》どの～も **not ~ any longer** もはや～でない［～しない］代 ①《疑問文で》（～のうち）何か, どれか, 誰か ②《否定文で》少しも, 何も［誰も］～ない ③《肯定文で》どれも, 誰でも

□ **anymore** 副 《通例否定文, 疑問文で》今はもう, これ以上, これから

□ **anyone** 代 ①《疑問文・条件節で》誰か ②《否定文で》誰も（～ない）③《肯定文で》誰でも

□ **anything** 代 ①《疑問文で》何か, どれでも ②《否定文で》何も, どれも（～ない）③《肯定文で》何でも, どれでも 副 いくらか

□ **anywhere** 副 どこかへ［に］, どこにも, どこへも, どこにでも

□ **appear** 動 ①現れる, 見えてくる ②（～のように）見える, ～らしい

□ **approach** 動 ①接近する ②話を持ちかける

□ **are** 動 ～である, （～に）いる［ある］《主語がyou, we, theyまたは複数名詞のときのbeの現在形》

□ **arm** 名 ①腕 ②腕状のもの, 腕木, ひじかけ

□ **around** 副 ①まわりに, あちこちに ②およそ, 約 **look around** まわりを見回す 前 ～のまわりに, ～のあちこちに

□ **arrive** 動 到着する, 到達する **arrive at** ～に着く

□ **as** 接 ①《as ～ as …の形で》…と同じくらい～ ②～のとおりに, ～のように ③～しながら, ～しているときに ④～するにつれて, ～にしたがって ⑤～なので ⑥～だけれども ⑦～する限りでは 前 ①～として（の）②～の時 副 同じくらい 代 ①～のような ②～だが **as much as** ～と同じだけ **as soon as** ～するとすぐ, ～するや否や **as time passes** 時が経つにつれて **as ~ as one can** できる限り～ **as ~ as possible** できるだけ～ **just as** （ちょうど）であろうとおり

□ **ask** 動 ①尋ねる, 聞く ②頼む, 求める **ask of** （人）に要求する

ask someone if ～かどうかを(人)に尋ねる ask ~ if ～かどうか尋ねる

□ **asleep** 形眠って(いる状態の) 副眠って, 休止して fall asleep 眠り込む, 寝入る

□ **at** 前①《場所・時》～に[で] ②《目標・方向》～に[を], ～に向かって ③《原因・理由》～を見て[聞いて・知って] ④～に従事して, ～の状態で at a time 一度に, 続けざまに at all《否定形で》全く～ない at first 最初は, 初めのうちは at last ついに, とうとう at once すぐに at that moment その時に, その瞬間に not at all 少しも～でない not ~ at all 少しも[全然] ～ない one at a time 一度に一つずつ

□ **ate** 動eat(食べる)の過去

□ **aunt** 名おば

□ **away** 副離れて, 遠くに, 去って, わきに carry away 運び去る fly away 飛び去る go away 立ち去る run away 走り去る, 逃げ出す

□ **ax** 名おの

B

□ **back** 名①背中 ②裏, 後ろ 副①戻って ②後ろへ[に] bring back 戻す, 呼び戻す, 持ち帰る come back 戻る come back to ～へ帰ってくる, ～に戻る get back to ～に戻る give back (～を)返す go back to ～に帰る[戻る] put one's shoe back on くつを元どおりに履く

□ **bad** 形①悪い, へたな, まずい ②気の毒な ③(程度が)ひどい, 激しい

□ **balloon** 名風船, 気球

□ **bark** 動ほえる, どなる

□ **basket** 名かご, バスケット

□ **be** 動～である, (～に)いる[ある], ～となる 助①《現在分詞とともに用いて》～している ②《過去分詞とともに用いて》～される, ～されている

□ **beautiful** 形美しい, すばらしい

□ **became** 動become(なる)の過去

□ **because** 接(なぜなら)～だから, ～という理由[原因]で because of ～のために, ～の理由で

□ **become** 動①(～に)なる ②becomeの過去分詞

□ **bed** 名ベッド, 寝所

□ **been** 動be(～である)の過去分詞 助be(～している・～される)の過去分詞

□ **before** 前～の前に[で], ～より以前に 接～する前に 副以前に

□ **began** 動begin(始まる)の過去

□ **behind** 前①～の後ろに, ～の背後に ②～に遅れて, ～に劣って 副①後ろに, 背後に ②遅れて, 劣って leave behind ～を置き去りにする

□ **believe** 動信じる, 信じている, (～と)思う, 考える

□ **bell** 名ベル, 鈴, 鐘

□ **below** 副下に[へ]

□ **beside** 前①～のそばに, ～と並んで ②～と比べると ③～とはずれて

☐ **besides** 前 ①~に加えて, ~のほかに ②《否定文・疑問文で》~を除いて

☐ **between** 前 (2つのもの)の間に[で・の]

☐ **beyond** 前 ~を越えて, ~の向こうに

☐ **big** 形 ①大きい ②偉い, 重要な

☐ **bird** 名 鳥

☐ **biscuit** 名 ビスケット

☐ **blew** 動 blow (吹く)の過去

☐ **blow** 動 ①(風が)吹く, (風が)~を吹き飛ばす ②息を吹く ③吹奏する

☐ **blue** 形 青い 名 青(色)

☐ **body** 名 体, 胴体

☐ **born** 動 be born 生まれる

☐ **both** 形 両方の, 2つともの 副《both ~ and … の形で》~も…も両方とも 代 両方, 両者, 双方

☐ **bottle** 名 瓶, ボトル

☐ **bottom** 名 底, 下部

☐ **bow** 動 (~に)お辞儀する bow down to ~に屈服する, 従う

☐ **brain** 名 脳

☐ **brave** 形 勇敢な

☐ **bread** 名 パン

☐ **brick** 名 レンガ 形 レンガ造りの

☐ **bright** 形 輝いている, 鮮明な

☐ **bring** 動 ①持ってくる, 連れてくる ②もたらす, 生じる bring back 戻す, 呼び戻す, 持ち帰る

☐ **brother** 名 兄弟

☐ **brought** 動 bring (持ってくる)の過去, 過去分詞

☐ **build** 動 建てる, 確立する

☐ **built** 動 build (建てる)の過去, 過去分詞

☐ **busy** 形 忙しい

☐ **but** 接 ①でも, しかし ②~を除いて not ~ but … ~ではなくて… nothing but ただ~だけ, ~にすぎない, ~のほかは何も…ない 前 ~を除いて, ~のほかは 副 ただ, のみ, ほんの

☐ **by** 前 ①《位置》~のそばに[で] ②《手段・方法・行為者・基準》~によって, ~で ③《期限》~までには ④《通過・経由》~を経由して, ~を通って 副 そばに, 通り過ぎて close by すぐ近くに

C

☐ **cake** 名 菓子, ケーキ

☐ **call** 動 ①呼ぶ, 叫ぶ ②電話をかける ③立ち寄る call for ~を求める, 呼び出す

☐ **came** 動 come (来る)の過去

☐ **can** 動 ①~できる ②~してもよい ③~でありうる ④《否定文で》~のはずがない Can you ~? ~してくれますか。 as ~ as one can できる限り~ can do nothing どうしようもない can hardly とても~できない can't stand 我慢できない

☐ **cap** 名 (縁なしの)帽子

☐ **car** 名 自動車, 車両

☐ **careful** 形 注意深い, 慎重な

☐ **carefully** 副 注意深く, 丹念に

☐ **carry** 動 ①運ぶ, 連れていく, 持

ち歩く ②伝わる, 伝える　carry away 運び去る　carry over（別の場所に）移動する

- □ **cat** 名ネコ（猫）
- □ **caught** 動catch（つかまえる）の過去, 過去分詞
- □ **center** 名①中心, 中央　②中心地［人物］
- □ **certainly** 副①確かに, 必ず②《返答に用いて》もちろん, そのとおり, 承知しました
- □ **chance** 名機会, 好機　give someone a chance to（人）に～する機会を与える
- □ **chase** 動①追跡する, 追い［探し］求める　②追い立てる
- □ **child** 名子ども
- □ **city** 名都市, 都会
- □ **clean** 動掃除する, よごれを落とす
- □ **close** 形①近い　②親しい　③狭い　close by すぐ近くに　close to《be –》～に近い　get close 近づく　副①接近して　②密集して　動①閉まる, 閉める　②終える, 閉店する
- □ **cloth** 名布（地）
- □ **clothes** 名衣服, 身につけるもの
- □ **cloud** 名雲, 雲状のもの
- □ **come** 動①来る, 行く, 現れる②（出来事が）起こる, 生じる③～になる　④comeの過去分詞　come along 一緒に来る, ついて来る　come and ～しに行く　come back 戻る　come back to ～へ帰ってくる, ～に戻る　come down 下りて来る　come off 取れる, はず

れる　come running 飛んでくる, かけつける　come running up to ～に駆け寄ってくる　come this way こちらへやってくる

- □ **common** 形普通の, 平凡な
- □ **company** 名友だち, 仲間, 一団, 人の集まり
- □ **complete** 動完成させる
- □ **continue** 動続く, 続ける, （中断後）再開する, （ある方向に）移動していく
- □ **corn** 名トウモロコシ, 穀物
- □ **corner** 名①曲がり角, 角　②すみ, はずれ
- □ **cornfield** 名トウモロコシ畑
- □ **could** 助①can（～できる）の過去　②《控え目な推量・可能性・願望などを表す》If＋《主語》＋could ～できればなあ《仮定法》
- □ **country** 名国
- □ **courage** 名勇気, 度胸
- □ **course** 名①進路, 方向　②経過, 成り行き　③科目, 講座　④策, 方策　of course もちろん, 当然
- □ **coward** 名臆病者
- □ **cowardly** 形臆病な
- □ **cross** 動横切る, 渡る
- □ **cry** 動泣く, 叫ぶ, 大声を出す, 嘆く　cry out 叫ぶ　名泣き声, 叫び, かっさい
- □ **cut** 動①切る, 刈る　②cutの過去, 過去分詞
- □ **cyclone** 名サイクロン, 大竜巻

D

- ☐ **dance** 動踊る, ダンスをする
- ☐ **dark** 形①暗い, 闇の ②(色が)濃い
- ☐ **day** 名①日中, 昼間 ②日, 期日
  all day 一日中, 明けても暮れても
  one day ある日
- ☐ **deadly** 形命にかかわる, 痛烈な, 破壊的な
- ☐ **dear** 名ねえ, あなた《呼びかけ》
  my dear 君, あなた 間まあ, おや
  Dear me! おや！, まあ！《驚きを表す》 **Oh dear!** あらまあ！
- ☐ **decide** 動決定[決意]する, (~しようと)決める, 判決を下す
- ☐ **deep** 形深い, 深さ~の
- ☐ **demand** 動①要求する, 尋ねる ②必要とする
- ☐ **desert** 名砂漠
- ☐ **destroy** 動破壊する, 絶滅させる
- ☐ **did** 動 do (~をする)の過去 助 do の過去
- ☐ **die** 動死ぬ, 消滅する
- ☐ **difficult** 形困難な, むずかしい, 扱いにくい
- ☐ **dinner** 名ディナー, 夕食
- ☐ **disappear** 動見えなくなる, 姿を消す, なくなる
- ☐ **discover** 動発見する, 気づく
- ☐ **discovery** 名発見
- ☐ **divide** 動分かれる, 分ける, 割れる, 割る
- ☐ **do** 助①《ほかの動詞とともに用いて現在形の否定文・疑問文をつくる》②《同じ動詞を繰り返す代わりに用いる》③《動詞を強調するのに用いる》動 ~をする
- ☐ **dog** 名犬
- ☐ **done** 動 do (~をする)の過去分詞
- ☐ **door** 名ドア, 戸
- ☐ **Dorothy** 名ドロシー《人名》
- ☐ **down** 副①下へ, 降りて, 低くなって ②倒れて **bow down to** ~に屈服する, 従う **come down** 下りて来る, 従う **go down** 下に降りる **lie down** 横たわる, 横になる 前 ~の下方へ, ~を下って
- ☐ **dream** 動(~の)夢を見る, 夢想[想像]する
- ☐ **dress** 動服を着る[着せる]
- ☐ **drink** 動飲む
- ☐ **drop** 動落ちる, 落とす

E

- ☐ **easily** 副①容易に, たやすく, 苦もなく ②気楽に
- ☐ **east** 名《the –》東, 東部, 東方
- ☐ **easy** 形やさしい, 簡単な
- ☐ **eat** 動食べる, 食事する
- ☐ **eaten** 動 eat (食べる)の過去分詞
- ☐ **edge** 名端, 縁 **on the edge of** ~の端に
- ☐ **either** 形①(2つのうち)どちらかの ②どちらでも **on either side** 両側に
- ☐ **Em** 名エム《人名》
- ☐ **emerald** 名エメラルド
- ☐ **enemy** 名敵

□ **enjoy** 動 楽しむ, 享受する

□ **enter** 動 入る

□ **escape** 動 逃げる, 免れる, もれる

□ **especially** 副 特別に, とりわけ

□ **even** 副 ①《強意》～でさえも, ～ですら, いっそう, なおさら ②平等に even if たとえ～でも

□ **evening** 名 ①夕方, 晩 ②《the [one's] –》末期, 晩年, 衰退期

□ **ever** 副 ①今までに, これまで, かつて, いつまでも ②《強意》いったい never ever 何があっても～ない

□ **every** 形 ①どの～も, すべての, あらゆる ②毎～, ～ごとの every time ～するときはいつも

□ **everyone** 代 誰でも, 皆

□ **everything** 代 すべてのこと[もの], 何でも, 何もかも

□ **except** 前 ～を除いて, ～のほかは except for ～を除いて, ～がなければ

□ **eye** 名 目

F

□ **fall** 動 ①落ちる, 倒れる ②(ある状態に)急に陥る fall asleep 眠り込む, 寝入る fall on ～に降りかかる fall onto ～に落下する fall over ～につまずく, ～の上に倒れかかる

□ **far** 形 遠い, 向こうの how far どのくらいの距離か

□ **farmer** 名 農民, 農場経営者

□ **farmhouse** 名 農場内の家屋, 農家

□ **farther** 副 もっと遠く, さらに先に

□ **fast** 副 速く, 急いで

□ **fear** 名 ①恐れ ②心配, 不安 in fear おびえて 動 ①恐れる ②心配する

□ **fearful** 形 ①恐ろしい ②心配な, 気づかって

□ **feel** 動 感じる, (～と)思う

□ **feet** 名 foot (足) の複数

□ **fell** 動 fall (落ちる) の過去

□ **felt** 動 feel (感じる) の過去, 過去分詞

□ **fence** 名 囲み, さく

□ **few** 形 ①ほとんどない, 少数の(～しかない) ②《a –》少数の, 少しはある

□ **field** 名 野原, 田畑 field mouse 野ネズミ

□ **fill** 動 ①満ちる, 満たす ②《be -ed with ～》～でいっぱいである

□ **finally** 副 最後に, ついに, 結局

□ **find** 動 ①見つける ②(～と)わかる, 気づく, ～と考える ③得る

□ **fire** 名 火, 炎, 火事

□ **first** 名 最初, 第一(の人・物) at first 最初は, 初めのうちは 副 第一に, 最初に

□ **flew** 動 fly (飛ぶ) の過去

□ **float** 動 ①浮く, 浮かぶ ②漂流する

□ **floor** 名 床, 階

□ **flower** 名 花, 草花

□ **fly** 動 飛ぶ, 飛ばす fly away 飛び去る

□ **follow** 動 ①ついていく, あとをたどる ②(忠告などに)従う

□ **food** 名 食物, えさ, 肥料

□ **fool** 動 ばかにする, だます

□ **foolish** 形 おろかな, ばかばかしい

□ **foot** 名 足 from head to foot 頭から足先まで

□ **for** 前 ①《目的・原因・対象》~にとって, ~のために[の], ~に対して ②《期間》~間 ③《代理》~の代わりに ④《方向》~へ(向かって) for a moment 少しの間 for all ~ ~にもかかわらず for ~ years ~年間, ~年にわたって

□ **forest** 名 森林

□ **forever** 副 永遠に, 絶えず

□ **forget** 動 忘れる, 置き忘れる

□ **fortunately** 副 幸運にも

□ **forward** 副 ①前方に ②将来に向けて ③先へ, 進んで rush forward 突進する

□ **found** 動 find (見つける)の過去, 過去分詞

□ **four** 名 4(の数字), 4人[個] 形 4の, 4人[個]の

□ **fourth** 名 第4番目(の人・物), 4日 形 第4番目の

□ **free** 形 自由な, 開放された, 自由に~できる

□ **freely** 副 自由に, 障害なしに

□ **friend** 名 友だち, 仲間

□ **from** 前 ①《出身・出発点・時間・順序・原料》~から ②《原因・理由》~がもとで from head to foot 頭から足先まで

□ **fruit** 名 果実, 実

□ **fulfill** 動 (義務・約束を)果たす, (要求・条件を)満たす

□ **full** 形 ①満ちた, いっぱいの, 満期の ②完全な, 盛りの, 充実した

□ **funny** 形 ①おもしろい, こっけいな ②奇妙な, うさんくさい

□ **further** 副 いっそう遠く, その上に, もっと

G

□ **gate** 名 門

□ **gave** 動 give (与える)の過去

□ **gentle** 形 優しい, 温和な

□ **get** 動 ①得る, 手に入れる ②(ある状態に)なる, いたる ③わかる, 理解する ④~させる, ~を(…の状態に)する ⑤(ある場所に)達する, 着く get back to ~に戻る get close 近づく get into ~に入る, 入り込む, ~に巻き込まれる get near ~に近づく get smaller 小さくなる get there そこに到着する get tired of waiting 待ちくたびれる get to ~に達する[到着する]

□ **girl** 名 女の子, 少女

□ **give** 動 ①与える, 贈る ②伝える, 述べる ③(~を)する give back (~を)返す give someone a chance to (人)に~する機会を与える

□ **glad** 形 ①うれしい, 喜ばしい ②《be – to ~》~してうれしい, 喜んで~する

□ **gladly** 副 喜んで, うれしそうに

□ **Glinda** 名 グリンダ《人名》

□ **go** 動 ①行く, 出かける ②動く ③進む, 経過する, いたる ④(ある状態に)なる **be going to** ～するつもりである **go across** ～を横断する **go and** ～しに行く **go away** 立ち去る **go back to** ～に帰る[戻る] **go down** 下に降りる **go into** ～に入る **go to sleep** 寝る **go up** ①～に上がる, 登る ②～に近づく, 出かける ③(建物などが)建つ, 立つ **go with** ～と一緒に行く

□ **golden** 形 ①金色の ②金製の

□ **gone** 動 go (行く)の過去分詞 形 去った

□ **good** 形 よい, 上手な, 優れた 名 善, 徳, 益, 幸福

□ **good-bye** 間 さようなら

□ **got** 動 get (得る)の過去, 過去分詞

□ **gradually** 副 だんだんと

□ **grass** 名 草, 牧草(地), 芝生

□ **gray** 形 ①灰色の ②どんよりした 名 灰色

□ **great** 形 ①大きい, 広大な, (量や程度が)たいへんな ②偉大な, 優れた ③すばらしい, おもしろい

□ **green** 形 緑色の

□ **grew** 動 grow (成長する)の過去

□ **group** 名 集団, 群

□ **guard** 名 ①警戒, 見張り ②番人

□ **guardian** 名 保護者, 監視者

□ **guess** 動 ①推測する ②(～と)思う

□ **guest** 名 客, ゲスト

H

□ **had** 動 have (持つ)の過去, 過去分詞 助 have の過去《過去完了の文をつくる》

□ **hand** 名 ①手 ②援助の手, 助け **hold out one's hand** 手を差し伸べる 動 手渡す **hand over** 手渡す

□ **happen** 動 ①(出来事が)起こる, 生じる ②偶然[たまたま] ～する

□ **happily** 副 幸福に, 楽しく, うまく, 幸いにも

□ **happy** 形 幸せな, うれしい, 幸運な, 満足して **be happy to do** ～してうれしい, 喜んで～する

□ **hard** 副 ①一生懸命に ②激しく

□ **hardly** 副 ①ほとんど～でない, わずかに ②厳しく, かろうじて **can hardly** とても～できない

□ **has** 動 have (持つ)の3人称単数現在 助 have の3人称単数現在《現在完了の文をつくる》

□ **have** 動 ①持つ, 持っている, 抱く ②(～が)ある, いる ③食べる, 飲む ④経験する, (病気に)かかる ⑤催す, 開く ⑥(人に) ～させる **have to** ～しなければならない 助 《〈have＋過去分詞〉の形で現在完了の文をつくる》～した, ～したことがある, ずっと～している

□ **he** 代 彼は[が]

□ **head** 名 頭 **from head to foot** 頭から足先まで

□ **hear** 動 聞く, 聞こえる

□ **heard** 動 hear (聞く)の過去, 過去分詞

□ **heart** 名 ①心臓, 胸 ②心, 感情,

ハート

□ **held** 動 hold (つかむ) の過去, 過去分詞

□ **help** 動 助ける, 手伝う 名 助け, 手伝い

□ **Henry** 名 ヘンリー《人名》

□ **her** 代 ①彼女を [に] ②彼女の

□ **here** 副 ①ここに [で] ②《- is [are] ~》ここに~がある ③さあ, そら

□ **herself** 代 彼女自身

□ **high** 形 高い

□ **him** 代 彼を [に]

□ **his** 代 ①彼の ②彼のもの

□ **hit** 動 ①打つ, なぐる ②hitの過去, 過去分詞

□ **hold** 動 つかむ, 持つ, 抱く hold out one's hand 手を差し伸べる

□ **hole** 名 穴, すき間

□ **home** 名 家, 自国, 故郷, 家庭 副 家に, 自国へ take someone home (人) を家まで送る

□ **hope** 動 望む, (~であるようにと) 思う

□ **hot** 形 暑い, 熱い

□ **house** 名 家

□ **how** 副 ①どうやって, どれくらい, どんなふうに ②なんて (~だろう) ③《関係副詞》~する方法 How about ~? ~はどうですか。~しませんか。 how far どのくらいの距離か how to ~する方法

□ **however** 接 けれども, だが

□ **huge** 形 巨大な, ばく大な

□ **hurry** 動 急ぐ, 急がせる, あわてる

□ **hurt** 動 傷つける, 痛む, 害する

I

□ **I** 代 私は [が]

□ **if** 接 もし~ならば, たとえ~でも, ~かどうか ask someone if ~かどうかを (人) に尋ねる ask ~ if ~かどうか尋ねる even if たとえ~でも If +《主語》+ could ~できればなあ《仮定法

□ **immediately** 副 すぐに, ~するやいなや

□ **important** 形 重要な, 大切な, 有力な

□ **impossible** 形 不可能な, できない, あり [起こり] えない

□ **in** 前 ①《場所・位置・所属》~ (の中) に [で・の] ②《時》~ (の時) に [の・で], ~後 (に), ~の間 (に) ③《方法・手段》~で ④~を身につけて, ~を着て ⑤~に関して, ~について ⑥《状態》~の状態で in fear おびえて in need 必要で, 困って in order to ~するために, ~しようと in surprise 驚いて in the meantime それまでは, 当分は in the middle of ~の真ん中 [中ほど] に in the world 世界で, 一体 (全体) in truth 実際には in wonder 驚いて 副 中へ [に], 内へ [に]

□ **indeed** 副 ①実際, 本当に ②《強意》まったく

□ **inside** 副 内部 [内側] に 前 ~の内部 [内側] に

□ **into** 前 ①《動作・運動の方向》

~の中へ[に] ②《変化》〜に[へ]

□ **iron** 名 鉄, 鉄製のもの

□ **is** 動 be (〜である)の3人称単数現在

□ **it** 代 ①それは[が], それを[に] ②《天候・日時・距離・寒暖などを示す》it takes someone ~ to …(人)が …するのに〜(時間など)がかかる

□ **its** 代 それの, あれの

J

□ **join** 動 一緒になる, 参加する

□ **journey** 名 (遠い目的地への)旅

□ **joy** 名 喜び, 楽しみ

□ **joyfully** 副 うれしそうに, 喜んで

□ **jump** 動 ①跳ぶ, 跳躍する, 飛び越える, 飛びかかる ②(〜を)熱心にやり始める jump over 〜の上を飛び越える jump up 素早く立ち上がる

□ **just** 副 ①まさに, ちょうど, (〜した)ばかり ②ほんの, 単に, ただ〜だけ ③ちょっと just as (ちょうど)であろうとおり just then ちょうどその時

K

□ **Kansas** 名 カンザス《地名》

□ **keep** 動 ①とっておく, 保つ, 続ける ②(〜を…に)しておく ③飼う, 養う ④経営する ⑤守る keep to 〜から離れない

□ **kept** 動 keep (とっておく)の過去, 過去分詞

□ **kill** 動 殺す, 消す, 枯らす

□ **kind** 形 親切な, 優しい

□ **kindness** 名 親切(な行為), 優しさ

□ **king** 名 王, 国王

□ **kiss** 名 キス 動 キスする

□ **kitchen** 名 台所, 調理場

□ **knew** 動 know (知っている)の過去

□ **know** 動 ①知っている, 知る, (〜が)わかる, 理解している ②知り合いである know of 〜について知っている

L

□ **laid** 動 lay (置く)の過去, 過去分詞

□ **land** 名 ①陸地, 土地 ②国, 領域 動 上陸する, 着地する

□ **large** 形 ①大きい, 広い ②大勢の, 多量の

□ **last** 形 ①《the –》最後の ②この前の, 先〜 ③最新の 名《the –》最後(のもの), 終わり at last ついに, とうとう

□ **laugh** 動 笑う

□ **lay** 動 lie (横たわる)の過去

□ **lead** 動 ①導く, 案内する ②(生活を)送る lead into (ある場所)へ導く

□ **leave** 動 ①出発する, 去る ②残す, 置き忘れる ③(〜を…の)ままにしておく leave behind 〜を置き去りにする

□ **led** 動 lead (導く)の過去, 過去分

詞
- **left** 形左の, 左側の 動 leave（去る, ～をあとに残す）の過去, 過去分詞
- **leg** 名脚
- **let** 動（人に～）させる, （～するのを）許す, （～をある状態に）する **let us** どうか私たちに～させてください
- **lie** 動横たわる, 寝る **lie down** 横たわる, 横になる
- **life** 名生命
- **life** 熟 **all one's life** ずっと
- **lift** 動持ち上げる, 上がる **lift off** ～を頭から外す **lift up** ～を持ち上げる
- **light** 名光, 明かり
- **like** 前～に似ている, ～のような
- **lion** 名ライオン
- **little** 形①小さい, 幼い ②少しの, 短い ③ほとんど～ない, 《a－》少しはある
- **live** 動住む, 暮らす, 生きている
- **long** 形長い, 長期の 副長い間, ずっと **no longer** もはや～でない［～しない］ **not ~ any longer** もはや～でない［～しない］
- **look** 動①見る ②（～に）見える, （～の）顔つきをする ③注意する **look around** まわりを見回す **look for** ～を探す **look to** ～しようとする **look up** 見上げる, 調べる
- **lot** 名たくさん, たいへん, 《a－of ～／-s of ～》たくさんの～
- **loud** 形大声の, 騒がしい
- **love** 動愛する, 恋する, 大好きである

- **lovely** 形愛らしい, 美しい, すばらしい
- **lying** 動 lie（横たわる）の現在分詞

M

- **made** 動 make（作る）の過去, 過去分詞 形作った, 作られた **be made of** ～でできて［作られて］いる
- **make** 動①作る, 得る ②行う, （～に）なる ③（～を…に）する, （～を…）させる **make noise** 音を立てる **make ~ do** ～に…させる
- **man** 名男性, 人, 人類
- **many** 形多数の, たくさんの 代多数（の人・物）
- **mark** 名印, 記号, 跡
- **matter** 動《主に疑問文・否定文で》重要である **not matter** 問題にならない
- **may** 助①～かもしれない ②～してもよい, ～できる
- **maybe** 副たぶん, おそらく
- **me** 代私を［に］
- **meantime** 名合間, その間 **in the meantime** それまでは, 当分は
- **meeting** 名集まり, ミーティング, 面会 **meeting with**（人）との遭遇［対面・出会い］
- **men** 名 man（男性）の複数
- **mice** 名 mouse（ネズミ）の複数
- **middle** 名中間, 最中 **in the middle of** ～の真ん中［中ほど］に
- **might** 助《may の過去》①～かも

しれない ②〜してもよい, 〜できる

- [ ] **milk** 名牛乳, ミルク
- [ ] **mind** 動①気にする, いやがる ②気をつける, 用心する
- [ ] **mine** 代私のもの
- [ ] **minute** 名①(時間の)分 ②ちょっとの間
- [ ] **miss** 動失敗する, 免れる, 〜を見逃す, (目標を)はずす
- [ ] **moment** 名①瞬間, ちょっとの間 ②(特定の)時, 時期 at that moment その時に, その瞬間に for a moment 少しの間
- [ ] **monkey** 名サル(猿)
- [ ] **more** 形①もっと多くの ②それ以上の, 余分の more and more ますます 副もっと, さらに多く, いっそう
- [ ] **morning** 名朝, 午前
- [ ] **mouse** 名(ハツカ)ネズミ field mouse 野ネズミ
- [ ] **mouth** 名①口 ②言葉, 発言
- [ ] **move** 動動く, 動かす
- [ ] **much** 形(量・程度が)多くの, 多量の 副①とても, たいへん ②《比較級・最上級を修飾して》ずっと, はるかに as much as 〜と同じだけ
- [ ] **Munchkin** 名マンチキン《一族の名, 国名》
- [ ] **must** 助①〜しなければならない ②〜に違いない
- [ ] **my** 代私の my dear 君, あなた
- [ ] **myself** 代私自身

N

- [ ] **name** 名名前 動名前をつける
- [ ] **nap** 名昼寝, うたた寝 take a nap 仮眠をとる
- [ ] **near** 前〜の近くに, 〜のそばに 形近い, 親しい get near 〜に近づく 副近くに, 親密で
- [ ] **nearby** 副近くで, 間近で
- [ ] **neck** 名首
- [ ] **need** 動(〜を)必要とする, 必要である 名①必要(性),《-s》必要なもの ②まさかの時 in need 必要で, 困って
- [ ] **never** 副決して[少しも]〜ない, 一度も[二度と]〜ない never ever 何があっても〜ない
- [ ] **new** 形①新しい, 新規の ②新鮮な, できたての
- [ ] **news** 名報道, ニュース, 便り, 知らせ
- [ ] **next** 形①次の, 翌〜 ②隣の next to 〜のとなりに, 〜の次に 副①次に ②隣に
- [ ] **night** 名夜, 晩
- [ ] **no** 副①いいえ, いや ②少しも〜ない no longer もはや〜でない[〜しない] 形〜がない, 少しも〜ない, 〜どころでない, 〜禁止
- [ ] **no one** 誰も[一人も]〜ない
- [ ] **nobody** 代誰も[1人も]〜ない
- [ ] **noise** 名騒音, 騒ぎ, 物音 make noise 音を立てる
- [ ] **north** 名《the –》北, 北部
- [ ] **nose** 名鼻, 嗅覚, におい
- [ ] **not** 副〜でない, 〜しない not at

all 少しも～でない not matter 問題にならない not ~ any longer もはや～でない[～しない] not ~ at all 少しも[全然]～ない not ~ but … ～ではなくて…

☐ **nothing** 代何も～ない[しない] can do nothing どうしようもない nothing but ただ～だけ, ～にすぎない, ～のほかは何も…ない

☐ **notice** 動気づく

☐ **now** 副①今(では), 現在 ②今すぐに ③では, さて now that 今や～だから, ～からには 名今, 現在

O

☐ **O** 間(呼び掛けの名の前に用いて)ああ!, おお!

☐ **obey** 動服従する, (命令などに)従う

☐ **of** 前①《所有・所属・部分》～の, ～に属する ②《性質・特徴・材料》～の, ～製の ③《部分》～のうち ④《分離・除去》～から

☐ **of course** もちろん, 当然

☐ **off** 副①離れて ②はずれて ③止まって ④休んで come off 取れる, はずれる take off ～を取り除く take ~ off ～を外す 前～を離れて, ～をはずれて, (値段が)～引きの

☐ **oh** 間ああ, おや, まあ Oh dear! あらまあ!

☐ **oil** 名油, 石油 動油を塗る[引く], 滑らかにする

☐ **old** 形年取った, 老いた

☐ **Omaha** 名オマハ《地名》

☐ **on** 前①《場所・接触》～(の上)に ②《日・時》～に, ～と同時に, ～のすぐ後で ③《関係・従事》～に関して, ～について, ～して on either side 両側に on the edge of ～の端に 副①身につけて, 上に ②前へ, 続けて

☐ **once** 名一度, 1回 at once すぐに

☐ **one** 名1(の数字), 1人[個] one at a time 一度に一つずつ one of ～の1つ[人] 形①1の, 1人[個]の ②ある～ ③《the – 》唯一の one day ある日 代①(一般の)人, ある物 ②一方, 片方 ③～なもの no onc 誰も[一人も] ~ない

☐ **only** 形唯一の 副①単に, ～にすぎない, ただ～だけ ②やっと

☐ **onto** 前～の上へ[に] fall onto ～に落下する

☐ **open** 形①開いた, 広々とした ②公開された 動①開く, 始まる ②広がる, 広げる ③打ち明ける

☐ **or** 接①～か…, または ②さもないと ③すなわち, 言い換えると

☐ **order** 名①順序 ②整理, 整頓 ③命令, 注文(品) in order to ～するために, ～しようと

☐ **other** 形①ほかの, 異なった ②(2つのうち)もう一方の, (3つ以上のうち)残りの

☐ **our** 代私たちの

☐ **out** 副①外へ[に], 不在で, 離れて ②世に出て ③消えて ④すっかり cry out 叫ぶ out of ～から外へ, ～から抜け出して pull ~ out of ～を…から引き抜く, 引き出す run out 走り出る shout out 大声で叫

ぶ start out 旅に出る take out of ～から出す、～に連れ出す 前 ～から外へ[に] hold out one's hand 手を差し伸べる

□ **outside** 副 外へ，外側に

□ **over** 前 ①～の上の[に]，～を一面に覆って ②～を越えて，～以上に，～よりまさって ③～の向こう側の[に] ④～の間 fall over ～につまずく，～の上に倒れかかる jump over ～の上を飛び越える throw（water）over ～に水を浴びせる 副 上に，一面に，ずっと carry over（別の場所に）移動する hand over 手渡す roll over 転がる rule over 治める，統御する

□ **Oz** 名 オズ《人名》

P

□ **paint** 動 ①ペンキを塗る ②（絵の具などで）描く

□ **palace** 名 宮殿，大邸宅

□ **pass** 動 ①過ぎる，通る ②（年月が）たつ as time passes 時が経つにつれて

□ **past** 前《時間・場所》～を過ぎて，～を越して

□ **pay** 動 支払う，払う，報いる，償う

□ **peace** 名 ①平和，和解，《the－》治安 ②平穏，静けさ

□ **people** 名 ①（一般に）人々 ②民衆，世界の人々，国民，民族 ③人間

□ **perfectly** 副 完全に，申し分なく

□ **perhaps** 副 たぶん，ことによると

□ **pick** 動 ①（花・果実などを）摘む，

もぐ ②選ぶ，精選する ③つつく，つついて穴をあける，ほじくり出す ④（～を）摘み取る pick up 拾い上げる

□ **piece** 名 一片，部分

□ **place** 名 ①場所，建物 ②余地，空間

□ **play** 動 遊ぶ play with ～で遊ぶ，～と一緒に遊ぶ

□ **please** 間 どうぞ，お願いします

□ **pleased** 形 喜んだ，気に入った be pleased to do ～してうれしい

□ **plenty** 名 十分，たくさん，豊富 plenty of たくさんの～

□ **pole** 名 棒，さお，柱

□ **poor** 形 不幸な，哀れな，気の毒な

□ **poppy** 名 ケシ，ポピー《植物》

□ **possible** 形 ①可能な ②ありうる，起こりうる as ～ as possible できるだけ～

□ **pot** 名 壺，（深い）なべ

□ **power** 名 力，能力，才能，勢力，権力

□ **pretty** 形 ①かわいい，きれいな ②相当な

□ **promise** 名 ①約束 ②有望 動 ①約束する ②見込みがある

□ **proper** 形 ①適した，適切な，正しい ②固有の

□ **proud** 形 ①自慢の，誇った，自尊心のある ②高慢な，尊大な be proud of ～を自慢に思う

□ **pull** 動 ①引く，引っ張る ②引きつける pull ～ out of ～を…から引き抜く，引き出す

□ **push** 動 ①押す，押し進む，押し

進める ②進む, 突き出る

□ **put** 動 ①置く, のせる ②入れる, つける ③(ある状態に)する ④put の過去, 過去分詞 **put in** ～の中に入れる **put on** ～を身につける, 着る **put one's shoe back on** くつを元どおりに履く **put ~ into** ～を…に入れ込む

Q

□ **Quadling** 名 カドリング《一族の名, 国名》

□ **queen** 名 女王, 王妃

□ **quickly** 副 敏速に, 急いで

□ **quiet** 形 静かな, 穏やかな

□ **quite** 副 ①まったく, すっかり, 完全に ②かなり, ずいぶん ③ほとんど

R

□ **ran** 動 run (走る)の過去

□ **rang** 動 ring (鳴る)の過去

□ **rather** 副 ①むしろ, かえって ②かなり, いくぶん, やや ③それどころか逆に **would rather** むしろ～したい

□ **reach** 動 ①着く, 到着する, 届く ②手を伸ばして取る **reach up** 背伸びをする

□ **read** 動 読む, 読書する

□ **ready** 形 用意[準備]ができた, まさに～しようとする, 今にも～せんばかりの

□ **real** 形 実際の, 実在する, 本物の

□ **really** 副 本当に, 実際に, 確かに

□ **reason** 名 ①理由 ②理性, 道理 **reason for** ～の理由

□ **recently** 副 近ごろ, 最近

□ **red** 形 赤い 名 赤, 赤色

□ **remove** 動 ①取り去る, 除去する ②(衣類を)脱ぐ

□ **reply** 動 答える, 返事をする, 応答する

□ **rescue** 名 救助, 救出

□ **rest** 名 《the –》残り 動 ①休む, 眠る ②休止する, 静止する

□ **return** 動 帰る, 戻る, 返す **return to** ～に戻る, ～に帰る

□ **right** 形 ①正しい ②適切な ③健全な ④右(側)の **all right** 大丈夫で, よろしい, 申し分ない, わかった, 承知した **That's all right.** いいんですよ。

□ **ring** 動 鳴る, 鳴らす

□ **rise** 動 空に昇る, 舞い上がる, 飛び立つ

□ **river** 名 川

□ **road** 名 道路, 道, 通り

□ **rock** 名 岩, 岸壁, 岩石

□ **roll** 動 転がる, 転がす **roll over** 転がる

□ **room** 名 ①部屋 ②空間, 余地 **throne room** 謁見室

□ **rose** 動 rise (昇る)の過去

□ **round** 形 丸い, 円形の

□ **rule** 動 支配する **rule over** 治める, 統御する

□ **ruler** 名 支配者

□ **run** 動 走る **come running** 飛んでくる, かけつける **come running** up to ～に駆け寄ってくる **run away** 走り去る, 逃げ出す **run out** 走り出る **run up to** ～に走り寄る

☐ **rush** 動突進する, せき立てる **rush forward** 突進する **rush into** ～に駆け込む, 前に飛び出す

S

☐ **sad** 形①悲しい, 悲しげな ②惨めな, 不運な

☐ **sadly** 副悲しそうに, 不幸にも

☐ **safe** 形安全な, 危険のない

☐ **safely** 副安全に, 間違いなく

☐ **said** 動say (言う) の過去, 過去分詞

☐ **same** 形同じ, 同様の

☐ **sang** 動sing (歌う) の過去

☐ **sat** 動sit (座る) の過去, 過去分詞

☐ **save** 動救う, 守る

☐ **saving** 動save (救う) の現在分詞 名救助

☐ **saw** 動①see (見る) の過去 ②のこぎりで切る, のこぎりを使う

☐ **say** 動言う, 口に出す

☐ **scare** 動こわがらせる, おびえる

☐ **scarecrow** 名かかし

☐ **screen** 名仕切り, 幕, スクリーン

☐ **search** 名捜査, 探索, 調査 **search for** ～の捜索

☐ **see** 動①見る, 見える, 見物する ②(～と) わかる, 認識する, 経験する ③会う ④考える, 確かめる, 調べる ⑤気をつける **see of** (人に) 会う

☐ **seem** 動 (～に) 見える, (～のように) 思われる

☐ **send** 動送る, 届ける

☐ **sent** 動send (送る) の過去, 過去分詞

☐ **serve** 動仕える, 奉仕する

☐ **several** 形①いくつかの ②めいめいの

☐ **shade** 動陰にする, 暗くする

☐ **shake** 動振る, 揺れる, 揺さぶる, 震える

☐ **shall** 助①《Iが主語で》～するだろう, ～だろう ②《I以外が主語で》(…に) ～させよう, (…は) ～することになるだろう

☐ **sharp** 形鋭い, とがった

☐ **she** 代彼女は [が]

☐ **shining** 形光る, 輝く, きらめく

☐ **shoe** 名《-s》靴 **put one's shoe back on** くつを元どおりに履く

☐ **short** 形短い

☐ **should** 助～すべきである, ～したほうがよい

☐ **shout** 動叫ぶ, 大声で言う **shout out** 大声で叫ぶ

☐ **side** 名側, 横, そば, 斜面 **on either side** 両側に

☐ **silver** 名銀, 銀貨, 銀色 形銀製の

☐ **since** 接①～以来 ②～だから

☐ **sing** 動 (歌を) 歌う

☐ **sit** 動①座る, 腰掛ける ②止まる ③位置する **sit on** ～の上に乗る, ～の上に座る **sit up** 起き上がる, 上半身を起こす

☐ **size** 图大きさ, 寸法, サイズ

☐ **sky** 图空

☐ **sleep** 動眠る, 寝る go to sleep 寝る

☐ **slept** 動 sleep (眠る)の過去, 過去分詞

☐ **slowly** 副遅く, ゆっくり

☐ **small** 形①小さい, 少ない ②取るに足りない get smaller 小さくなる

☐ **smell** 動①(~の)においがする ②においをかぐ ③かぎつける, 感づく 图①嗅覚 ②におい, 香り

☐ **so** 副①とても ②同様に, ~もまた ③《先行する句・節の代用》そのように, そう so that ~するために, それで, ~できるように so ~ that … 非常に~なので… 接①だから, それで ②では, さて and so そこで, それだから, それで, 同様に

☐ **soft** 形柔らかい

☐ **some** 形①いくつかの, 多少の ②ある, 誰か, 何か some time いつか, そのうち 代①いくつか ②ある人[物]たち

☐ **something** 代①ある物, 何か ②いくぶん, 多少

☐ **song** 图歌, 鳴き声

☐ **soon** 副まもなく, すぐに, すみやかに as soon as ~するとすぐ, ~するや否や

☐ **sorry** 形気の毒に[申し訳なく]思う, 残念な

☐ **sound** 图音, 騒音, 響き, サウンド 動①音がする, 鳴る ②(~のように)思われる, (~と)聞こえる

☐ **south** 图《the-》南, 南方, 南部

☐ **speaker** 图話す人

☐ **special** 形特別の, 特殊の

☐ **square** 形正方形の, 四角な

☐ **stand** 動①立つ, 立たせる, 立っている, ある ②耐える, 立ち向かう can't stand 我慢できない

☐ **start** 動①出発する, 始まる, 始める ②生じる, 生じさせる start doing ~し始める start for ~に向かって出発する start out 旅に出る

☐ **stay** 動①とどまる, 泊まる, 滞在する ②持続する, (~の)ままでいる

☐ **step** 图①歩み, 1歩(の距離) ②段階 ③踏み段, 階段

☐ **still** 副①まだ, 今でも ②それでも(なお)

☐ **stood** 動 stand (立つ)の過去, 過去分詞

☐ **stop** 動①やめる, やめさせる, 止める, 止まる ②立ち止まる stop doing ~するのをやめる

☐ **story** 图物語, 話

☐ **straight** 形①一直線の, まっすぐな, 直立[垂直]の ②率直な, 整然とした 副①一直線に, まっすぐに, 垂直に ②率直に

☐ **strange** 形①知らない, 見[聞き]慣れない ②奇妙な, 変わった

☐ **strangely** 副奇妙に, 変に, 不思議なことに, 不慣れに

☐ **stranger** 图見知らぬ人, 他人

☐ **straw** 图麦わら

☐ **street** 图街路

☐ **strong** 形強い, 堅固な, 強烈な

□ **such** 形 ①そのような, このような ②そんなに, とても, 非常に
such a そのような **such ~ that** … 非常に~なので…

□ **suddenly** 副 突然, 急に

□ **suggest** 動 ①提案する ②示唆する

□ **sun** 名《the –》太陽, 日

□ **suppose** 動 仮定する, 推測する

□ **surprise** 名 驚き, 不意打ち **in surprise** 驚いて

□ **surprised** 形 驚いた **be surprised to do** ~して驚く

T

□ **take** 動 ①取る, 持つ ②持って[連れて]いく, 捕らえる ③乗る ④(時間・労力を)費やす, 必要とする ⑤(ある動作を)する ⑥飲む ⑦耐える, 受け入れる **it takes someone ~ to** … (人)が …するのに~(時間など)がかかる **take a nap** 仮眠をとる **take off** ~を取り除く **take out of** ~から出す, ~に連れ出す **take someone home** (人)を家まで送る **take ~ off** ~を外す **take ~ to** … ~を…に連れて行く

□ **task** 名 (やるべき)仕事, 職務, 課題

□ **tear** 動 引き裂く, ちぎる **tear ~ from** ~を…から引きはがす

□ **teeth** 名 tooth (歯)の複数

□ **tell** 動 ①話す, 言う, 語る ②教える, 知らせる, 伝える ③わかる, 見分ける **tell ~ to** … ~に…するように言う

□ **terrible** 形 恐ろしい, ひどい, ものすごい, つらい

□ **terribly** 副 ひどく

□ **thank** 動 感謝する, 礼を言う **thank ~ for** ~に対して礼を言う

□ **that** 形 その, あの 代 ①それ, あれ, その[あの]人[物] ②《関係代名詞》~である… **That's all right.** いいんですよ. 接 ~ということ, ~なので, ~だから **now that** 今や~だから, ~からには **so that** ~するために, それで, ~できるように **so ~ that** … 非常に~なので… **such ~ that** … 非常に~なので… 副 そんなに, それほど

□ **the** 冠 ①その, あの ②《形容詞の前で》~な人々 副《 – +比較級, – +比較級》~すればするほど…

□ **their** 代 彼(女)らの, それらの

□ **them** 代 彼(女)らを[に], それらを[に]

□ **then** 副 その時(に・は), それから, 次に **just then** ちょうどその時

□ **there** 副 ①そこに[で・の], そこへ, あそこへ ②《 – is [are] ~》~がある[いる] **get there** そこに到着する

□ **they** 代 ①彼(女)らは[が], それらは[が] ②(一般の)人々は[が]

□ **thick** 形 厚い, 密集した, 濃厚な

□ **thin** 形 薄い, 細い, やせた, まばらな

□ **thing** 名 物, 事

□ **think** 動 思う, 考える

□ **this** 形 ①この, こちらの, これを ②今の, 現在の **come this way** こちらへやってくる **this way** このよ

うに 代 ①これ, この人 [物] ②今, ここ

□ **those** 形 それらの, あれらの 代 それら [あれら] の人 [物]

□ **thought** 動 think (思う) の過去, 過去分詞

□ **thoughtfully** 副 考え [思いやり] 深く

□ **three** 形 3の, 3人 [個] の

□ **threw** 動 throw (投げる) の過去

□ **throne** 名 王座, 王権 throne room 謁見室

□ **through** 前 ～を通して, ～中を [に], ～中

□ **throw** 動 投げる throw (water) over ～に (水を) 浴びせる

□ **tie** 動 結ぶ, 束縛する tie up ひもで縛る, 縛り上げる, 拘束する

□ **time** 名 ①時, 時間, 歳月 ②時期 ③期間 ④時代 ⑤回, 倍 as time passes 時が経つにつれて at a time 一度に, 続けざまに every time ～するときはいつも one at a time 一度に一つずつ some time いつか, そのうち

□ **tin** 名 錫 (すず), ブリキ

□ **tired** 形 ①疲れた, くたびれた ②あきた, うんざりした get tired of waiting 待ちくたびれる

□ **to** 前 ①《方向・変化》 ～へ, ～に, ～の方へ ②《程度・時間》 ～まで ③《適合・付加・所属》 ～に ④《－＋動詞の原形》 ～するために [の], ～する, ～すること

□ **today** 名 今日 副 今日 (で) は

□ **together** 副 ①一緒に, ともに ②同時に

□ **told** 動 tell (話す) の過去, 過去分詞

□ **tomorrow** 名 明日 副 明日は

□ **too** 副 ①～も (また) ②あまりに ～すぎる, とても～ too ~ to …… するには～すぎる

□ **took** 動 take (取る) の過去

□ **tore** 動 tear (引き裂く) の過去

□ **Toto** 名 トト《犬の名》

□ **toward** 前 ①《運動の方向・位置》 ～の方へ, ～に向かって ②《目的》 ～のために

□ **traveler** 名 旅行者

□ **tree** 名 木, 樹木, 木製のもの

□ **tried** 動 try (試みる) の過去, 過去分詞

□ **trouble** 名 ①困難, 迷惑 ②心配, 苦労 ③もめごと

□ **true** 形 ①本当の, 本物の, 真の ②誠実な, 確かな

□ **truth** 名 ①真理, 事実, 本当 ②誠実, 忠実さ in truth 実際には

□ **try** 動 ①やってみる, 試みる ②努力する, 努める

□ **turn** 動 ひっくり返す, 回転する [させる], 曲がる, 曲げる, 向かう, 向ける

□ **twelve** 形 12の, 12人 [個] の

□ **two** 形 2の, 2人 [個] の

U

□ **uncle** 名 おじ

□ **under** 前 《位置》 ～の下 [に]

□ **unhappy** 形 不運な, 不幸な

A
B
C
D
E
F
G
H
I
J
K
L
M
N
O
P
Q
R
S
T
U
V
W
X
Y
Z

□ **until** 前 ～まで（ずっと）

□ **up** 副 ①上へ，上がって，北へ ②立って，近づいて ③向上して，増して come running up to ～に駆け寄ってくる go up ①～に上がる，登る ②～に近づく，出かける ③（建物などが）建つ，立つ jump up 素早く立ち上がる lift up ～を頭から外す look up 見上げる，調べる pick up 拾い上げる reach up 背伸びをする run up to ～に走り寄る sit up 起き上がる，上半身を起こす tie up ひもで縛る，縛り上げる，拘束する up to ～まで，～に至るまで，～に匹敵して wake up 起きる，目を覚ます walk up to ～に歩み寄る 前 ①～の上（の方）へ，高い方へ ②（道）に沿って

□ **us** 代 私たちを[に] let us どうか私たちに～させてください

□ **use** 動 ①使う，用いる ②費やす

V

□ **valley** 名 谷，谷間

□ **very** 副 とても，非常に，まったく Very well. 承知しました。

□ **visit** 動 訪問する

□ **voice** 名 ①声，音声 ②意見，発言権

W

□ **wait** 動 ①待つ，《 – for ～》～を待つ ②延ばす，延ばせる，遅らせる ③《 – on [upon] ～》～に仕える，給仕をする

□ **waiting** 動 wait（待つ）の現在分詞 名 待機，給仕すること get tired of waiting 待ちくたびれる

□ **wake** 動 ①目がさめる，起きる，起こす ②奮起する wake up 起きる，目を覚ます

□ **walk** 動 歩く，歩かせる，散歩する walk across ～を歩いて渡る walk on 歩き続ける walk to ～まで歩いて行く walk up to ～に歩み寄る

□ **want** 動 ほしい，望む，～したい，～してほしい

□ **was** 動《beの第1・第3人称単数現在am, isの過去》～であった，（～に）いた[あった]

□ **wash** 動 ①洗う，洗濯する ②押し流す[される]

□ **water** 動（植物に）水をやる

□ **way** 名 ①道，通り道 ②方向，距離 ③方法，手段 ④習慣 come this way こちらへやってくる this way このように way to ～する方法

□ **we** 代 私たちは[が]

□ **wear** 動 ①着る，着ている，身につける ②疲れる，消耗する，すり切れる

□ **welcome** 間 ようこそ 動 歓迎する 形 歓迎される，自由に～してよい You're welcome. どういたしまして。

□ **well** 副 ①うまく，上手に ②十分に，よく，かなり 間 へえ，まあ，ええと 形 健康な，適当な，申し分ない Very well. 承知しました。

□ **went** 動 go（行く）の過去

□ **were** 動《beの2人称単数・複数

の過去》〜であった,(〜に)いた[あった]

☐ **west** 名《the – 》西, 西部, 西方

☐ **wet** 形ぬれた, 湿った, 雨の

☐ **what** 代①何が[を・に] ②《関係代名詞》〜するところのもの[こと] 形①何の, どんな ②なんと ③〜するだけの

☐ **when** 副①いつ ②《関係副詞》〜するところの, 〜するとその時, 〜するとき 接〜の時, 〜するとき

☐ **where** 副①どこに[で] ②《関係副詞》〜するところの, そしてそこで, 〜するところ 接〜なところに[へ], 〜するところに[へ]

☐ **while** 接①〜の間(に), 〜する間(に) ②一方, 〜なのに

☐ **whistle** 名笛

☐ **white** 形白い 名白, 白色

☐ **who** 代①誰が[は], どの人 ②《関係代名詞》〜するところの(人)

☐ **why** 副①なぜ, どうして ②《関係副詞》〜するところの(理由) Why don't you ~? 〜したらどうだい, 〜しませんか。

☐ **wicked** 形悪い, 不道徳な

☐ **wife** 名妻, 夫人

☐ **wildcat** 名ヤマネコ

☐ **will** 助〜だろう, 〜しよう, する(つもりだ) Will you ~? 〜してくれませんか。

☐ **willing** 形①喜んで〜する, 〜しても構わない, いとわない ②自分から進んで行う willing to《be – 》進んで〜する

☐ **winged** 形翼のある

☐ **Winkie** 名ウィンキー《一族の名, 国名》

☐ **wish** 動望む, 願う, (〜であればよいと)思う 名(心からの)願い

☐ **witch** 名魔法使い, 魔女

☐ **with** 前①《同伴・付随・所属》〜と一緒に, 〜を身につけて, 〜とともに ②《様態》〜(の状態)で, 〜して ③《手段・道具》〜で, 〜を使って

☐ **without** 前〜なしで, 〜がなく, 〜しないで

☐ **wizard** 名(男の)魔法使い

☐ **woke** 動wake(目が覚める)の過去

☐ **woman** 名(成人した)女性, 婦人

☐ **won't** will notの短縮形

☐ **wonder** 名驚き(の念), 不思議なもの in wonder 驚いて

☐ **wonderful** 形驚くべき, すばらしい, すてきな

☐ **wood** 名①《しばしば-s》森, 林 ②木材, まき

☐ **wooden** 形木製の, 木でできた

☐ **woodman** 名木こり

☐ **word** 名語, 単語

☐ **work** 動働く

☐ **world** 名《the – 》世界, 〜界 in the world 世界で, 一体(全体)

☐ **worried** 動worry(悩む)の過去, 過去分詞 形心配そうな, 不安げな

☐ **would** 助《willの過去》①〜するだろう, 〜するつもりだ ②〜したものだ would rather むしろ〜したい

W

- [ ] **write** 動 書く，手紙を書く
- [ ] **written** 動 write（書く）の過去分詞 形 文書の，書かれた
- [ ] **wrong** 形 間違った，（道徳上）悪い

Y

- [ ] **yard** 名 庭
- [ ] **year** 名 年，1年 for ~ years ～年間，～年にわたって
- [ ] **yellow** 形 黄色の 名 黄色
- [ ] **yes** 副 はい，そうです 名 肯定の言葉［返事］
- [ ] **you** 代 ①あなた（方）は［が］，あなた（方）を［に］ ②（一般に）人は You're welcome. どういたしまして。
- [ ] **young** 形 若い，幼い，青年の
- [ ] **your** 代 あなた（方）の
- [ ] **yours** 代 あなた（方）のもの
- [ ] **yourself** 代 あなた自身

English Conversational Ability Test
国際英語会話能力検定

● E-CATとは…
英語が話せるようになるための
テストです。インターネット
ベースで、30分であなたの発
話力をチェックします。

www.ecatexam.com

● iTEP®とは…
世界各国の企業、政府機関、アメリカの大学
300校以上が、英語能力判定テストとして採用。
オンラインによる90分のテストで文法、リー
ディング、リスニング、ライティング、スピー
キングの5技能をスコア化。iTEP®は、留学、就
職、海外赴任などに必要な、世界に通用する英
語力を総合的に評価する画期的なテストです。

www.itepexamjapan.com

ステップラダー・シリーズ
オズの魔法使い

2022 年 10 月 4 日　第 1 刷発行

原著者　　フランク・ボーム

発行者　　浦　　晋亮

発行所　　IBCパブリッシング株式会社
　　　　　〒162-0804 東京都新宿区中里町 29 番 3 号 菱秀神楽坂ビル
　　　　　Tel. 03-3513-4511　Fax. 03-3513-4512
　　　　　www.ibcpub.co.jp

印　　刷　株式会社シナノパブリッシングプレス
装　　幀　久保頼三郎
イラスト　杉山薫里　ウィリアム・ウォレス・デンスロウ (p.1)
リライト　アンドリュー・ロビンス
ナレーション　ニコル・ウッド

© IBC Publishing, Inc. 2022
Printed in Japan

ISBN978-4-7946-0723-2